Renate Schwalb

Kinder fördern mit
Märchen, Reimen und Geschichten

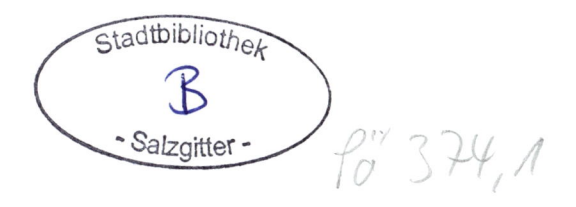

RENATE SCHWALB

KINDER FÖRDERN
mit Märchen, Reimen und Geschichten

*Ganzheitliche Sprachförderung
in der Kita*

HERDER
FREIBURG · BASEL · WIEN

© Verlag Herder GmbH, Freiburg im Breisgau 2010
Alle Rechte vorbehalten
www.herder.de

Umschlaggestaltung: Weiß-Freiburg GmbH – Graphik & Buchgestaltung
Umschlagfoto: © Norbert Schäfer, vario images GmbH & Co. KG, Bonn
Fotos Innenteil: © Städtisches Kinderhaus am Rhein, Konstanz
Layout, Satz und Gestaltung: Weiß-Freiburg GmbH – Graphik & Buchgestaltung

Druck und Bindung: fgb · freiburger graphische betriebe
www.fgb.de

Gedruckt auf umweltfreundlichem, chlorfrei gebleichtem Papier
Printed in Germany

ISBN 978-3-451-32264-8

Inhalt

Vorwort 7

Sprache, Spracherwerb und Sprachförderung im Vorschulalter 11
Sprache: Das Tor zum Ich, zum Du und zur Welt 11
Sprechen – Lesen – Schreiben: Die Kulturtechniken schlechthin 16
Spracherwerb als ganzheitlicher Prozess 18
Die Sprachentwicklung im Alltag unterstützen 25
Mit Kinderliteratur zum Sprechen, Lesen, Schreiben hinführen:
Literacy-Erziehung 33

Mit Kinderliteratur Sprache und Entwicklung fördern 41
Bilderbücher 42
Was in einem Bilderbuch wie „Freunde" steckt 42
Was sind eigentlich Bilderbücher und welche Arten gibt es? 46
Was Bilderbücher zur Entwicklung und Bildung beitragen 50
Wie man das passende Bilderbuch findet: Auswahlkriterien 61
Wie das Buch zum Kind kommt: So gelingt eine
Bilderbuchbetrachtung 64

Geschichten 70
Was in einer Geschichte wie „Anna und die Wut" steckt 70
Was sind eigentlich Geschichten? 72
Was Geschichten zur Entwicklung und Bildung beitragen 74
Woran man eine „gute" Geschichte erkennt: Auswahlkriterien 77
Wie die Geschichte zum Kind kommt: Tipps für gutes Vorlesen
und freies Erzählen 78
Vom Zuhörer zum Erzähler: Mit Kindern Geschichten erfinden 81

Märchen 86
Was in einem Märchen wie „Die Bienenkönigin" verborgen ist 86
Was ist eigentlich ein Märchen? 91
Was Märchen zur Entwicklung und Bildung beitragen 93
Zwei Einwände gegen Märchen 104
Märchen als Mittler zwischen verschiedenen Kulturen 107
Wie man das passende Märchen findet 109
Wie das Märchen zum Kind kommt:
So gelingt eine Märchenstunde 110

Kinderreime und Kinderlyrik 115
Was in einem Gedicht wie „Die Tulpe" steckt 115
Was ist eigentlich Kinderlyrik? 117
Was Kinderlyrik zur Entwicklung und Bildung beiträgt 122
Wie der Reim zum Kind kommt: Mit Kindern eine
Dichterwerkstatt einrichten 132

Schlusswort 139

Quellenverzeichnis 140

Literaturverzeichnis 141

Vorwort

Seit mehr als 20 Jahren unterrichte ich Kinder- und Jugendliteratur am Marianum, einer Fachschule für Sozialpädagogik, in Allensbach-Hegne am Bodensee. Bei der intensiven Auseinandersetzung mit diesem Thema – gemeinsam mit den Schülerinnen, den Erzieherinnen in der Praxis, vor allem aber mit den Kindern selbst – stelle ich immer wieder fest, welches Potenzial in guter Kinderliteratur steckt, wie spielerisch und lustvoll Kinder damit Sprache lernen und verfeinern.

Doch nicht nur das: Ihre Fantasie und ihr Denken werden angeregt und sie lernen in Bilderbüchern, Geschichten, Märchen und Reimen sehr viel über sich und die Welt, ja über das Leben an sich. Und wir Erwachsenen, die die Kinder in ihrer Entwicklung begleiten, haben es in der Hand, ihnen die Türen zu solch ganzheitlichen (Bildungs-)Erlebnissen zu öffnen.

So reifte in mir der Gedanke, mein Wissen und meine Erfahrungen all denen zugänglich zu machen, die sich mit dieser Materie beschäftigen. Erzieherinnen in der Ausbildung und im Beruf können durch die Inhalte dieses Buches ihr Bewusstsein über die vielfältigen Möglichkeiten der Sprachförderung im Kita-Alltag erweitern, ihr Wissen über Kinderliteratur und deren methodischen Einsatz zur Unterstützung des Spracherwerbs vertiefen sowie neue Impulse und Arbeitshilfen für die Praxis erhalten. Es ging mir darum, theoretisches mit praktischem Wissen zu verbinden.

Denn ohne fachliches Hintergrundwissen bleibt das praktische Handeln, so gut es auch sein mag, wenig professionell, und ohne die Umsetzung im praktischen Tun bleibt die Theorie „grau", wie Goethe seinen Faust sagen lässt.

Natürlich wird Sprache nicht nur speziell über Kinderliteratur gefördert. Überall, im ganzen Alltag, steckt Sprache. Es ist wichtig zu wissen, warum Sprache so bedeutsam für das Kind ist, was ein Kind braucht, um Sprache zu erwerben und was ein Klima ausmacht, in dem Sprache natürlich wachsen kann.

Deshalb beschäftige ich mich im ersten Kapitel mit den Themen Sprache, Spracherwerb und Sprachförderung im Allgemeinen.

Ich hoffe, dass Ihnen dieses Buch Lust darauf macht, mit den Kindern in die Sprache allgemein und in die Sprache der Literatur im Besonderen einzutauchen und sie so spielerisch und ganzheitlich in ihrer sprachlichen Entwicklung zu begleiten.

Zum Umgang mit diesem Buch

Das Buch ist so aufgebaut, dass Sie es nicht unbedingt von Anfang bis Ende durchlesen müssen. Im ersten Kapitel finden Sie eine Einführung zum Thema Sprache, dem ganzheitlichen Spracherwerb des Kindes und zur Sprachförderung im Vorschulbereich. In den folgenden Kapiteln werden die einzelnen Genres der Kinderliteratur sowie ihr methodischer Einsatz zur Sprachförderung in Kindertageseinrichtungen vorgestellt. Jeder Literaturform ist ein Kapitel gewidmet.

Alle Kapitel haben die gleiche Struktur, die mit unterschiedlichen Farben gekennzeichnet ist:

Sie beginnen jeweils mit einem Beispiel, anhand dessen aufgezeigt wird, wie viel Bildung in den einzelnen Gattungen steckt. Darauf folgt Hintergrundwissen über diese Literaturform und deren ganzheitliches Förderpotenzial für die Entwicklung und Bildung der Kinder.

Der letzte Teil der einzelnen Kapitel ist der Praxis gewidmet. Hier finden Sie unter dem Motto „Gewusst wie" Anregungen zur praktischen Umsetzung sowie Checklisten und Kriterienkataloge.

Der Bereich Hintergrundwissen nimmt den größeren Raum ein, und das aus gutem Grund: Das Wissen über das, was Sie als Erzieherin mit den Kindern tun, bereichert und fundiert Ihr praktisches Handeln. Durch die Beschäftigung mit der Theorie kann Ihnen als Erzieherin auch bewusst werden, inwiefern Sie die Kinder im alltäglichen Geschehen – z.B. beim gemeinsamen Frühstück oder dem Ansehen eines Bilderbuchs – schon in ihrer (Sprach-)Entwicklung unterstützen und wie Sie dies noch gezielter gestalten können. Es gibt viele gute Praxisbücher mit einer Vielfalt von Vorschlägen. Auch diese können Sie mit dem entsprechenden Hintergrundwissen noch besser nutzen.

Im Sinne der vereinfachten Lesbarkeit habe ich die Ansprache „Erzieherinnen" gewählt. Ich bitte die männlichen Erzieher, dies zu entschuldigen und sich auch angesprochen zu fühlen.

Danken möchte ich an dieser Stelle der Leiterin des städtischen Kinderhauses am Rhein in Konstanz, Frau Helmich, und ihren beiden Sprachexpertinnen, Frau Hielscher und Frau Giugno. Ich erhielt von ihnen wertvolle Anregungen und auch die Fotos stammen aus dieser Einrichtung. Ich möchte den Kindern und Eltern für ihre Bereitschaft danken, ihre Fotos in diesem Buch zu veröffentlichen.

Ich wünsche Ihnen nun viel Freude beim Lesen!

Frühjahr 2010
Renate Schwalb

Ich kann mir kein größeres Glück denken
als mit einem Kind zusammen zu sein,
das gerade dabei ist, seine Sprache zu entdecken.

Astrid Lindgren

Sprache, Spracherwerb und Sprachförderung im Vorschulalter

Sprache: Das Tor zum Ich, zum Du und zur Welt

Der Mensch ist ein soziales Wesen. Er braucht für seine Entwicklung das Du. Mit diesem Du will und muss er in Kontakt treten und das wichtigste Medium, um dies zu tun, ist die Sprache. Der Mensch muss außerdem in Kontakt mit sich selbst treten. Er kann sich, seine Gefühle und Wünsche besser wahrnehmen und ausdrücken, wenn er geeignete Begriffe und Ausdrucksweisen dafür hat. Mit Hilfe der Sprache tritt er aber auch in Kontakt mit seiner Umwelt. „Be-greifen" kann er diese Umwelt nur als ganzer Mensch: mit seinen Sinnen, seinem Körper und seinem Geist im sozial-emotionalen Austausch mit seinen Bezugspersonen und anderen Menschen. Die Sprache hilft ihm, sich in der Welt zurechtzufinden, Wahrnehmungen zu benennen und zu ordnen, das Denken und Handeln zu strukturieren und zu organisieren, Gefühle auszudrücken und soziale Kontakte zu gestalten. Sprache ist somit eine wichtige Voraussetzung für den Erwerb verschiedener Fähigkeiten: Ich- bzw. Selbst-Kompetenzen, Sozial- und Sachkompetenzen sowie lernmethodische Kompetenzen.

Die Sprache ist Voraussetzung für vielerlei Kompetenzen

Ich- oder Selbst-Kompetenzen
- Das Kind wird sich eigener Bedürfnisse, Interessen, Gefühle und Meinungen bewusst.
- Es kann diese sprachlich ausdrücken und anderen mitteilen.
- Es kann durch Sprache etwas bewirken und erfährt sich so als ein selbst wirkendes Wesen.
- Es erfährt Sprache als *das* Medium, um Informationen/Wissen zu erwerben.
- Es entwickelt Vertrauen in seine sprachlichen Fähigkeiten und kann diese nutzen, um kreativ zu werden.
- Es kann Ideen entwickeln und verbalisieren, mit anderen diskutieren.
- Es kann Erlebtes und Erfundenes erzählen.
- Es entwickelt ein Gefühl für Ausdrucksvarianten der Sprache und deren Wirkung im emotionalen Bereich.
- Es verinnerlicht die zu seiner Sprache gehörende Kultur und entwickelt so eine kulturelle Identität.
- Es kann mit Sprache spielen und sich an Sprachwitz erfreuen.

Sozialkompetenzen
- Das Kind traut sich zu, andere anzusprechen und kann anderen zuhören.
- Das Kind erlernt Regeln für ein Gespräch.
- Es weiß, wie es in verschiedenen Situationen mit jemandem reden sollte.
- Es kann Konflikte aushandeln.
- Es kann in andere Rollen schlüpfen, sich in andere einfühlen.
- Es interessiert sich für andere Sprachen und Menschen, die diese sprechen.
- Es erfährt, dass man durch Sprache auch kommunizieren kann, wenn man räumlich weit voneinander entfernt ist.

Sachkompetenzen
- Wahrnehmen, Verstehen und Wiedergeben sprachlicher Äußerungen.
- Voraussetzung dafür ist ein phonologisches (auf Laute bezogenes), semantisches (auf Wortbedeutung bezogenes) und syntaktisches (auf Satzbau bezogenes) Bewusstsein.
- Das Kind kann, was ihm begegnet, benennen und in ein Begriffsystem einordnen.
- Es lernt den Symbolcharakter von Sprache und Schrift verstehen.
- Es kann Ereignisse erzählen, Fragen formulieren, Antworten verstehen und eigene Vorstellungen sowie selbst Erfundenes sprachliche Realität werden lassen.

Lernmethodische Kompetenzen
- Das Kind kann sich durch Nachfragen Informationen beschaffen.
- Es weiß, dass man sich Wissen aus Büchern und anderen Medien aneignen kann.
- Es hat die Erfahrung gemacht, dass man selbst Wissen durch Sprache weitergeben kann.
- Es erfährt, dass es im Dialog mit anderen lernt.

Was Sprache mit Kreativität und Fantasie zu tun hat

Ohne Fantasie und Kreativität ist das Leben kaum zu meistern. Und auch dies hat mit Sprache zu tun: Denn Fantasie braucht ein Medium wie etwa Sprache. Kreativität ist eine Kompetenz, die uns hilft, unser Leben zu gestalten, uns individuell auszudrücken, uns an immer neue Lebenslagen anzupassen, Lösungswege jenseits der eingefahrenen zu finden. Neue Ideen und Lösungen werden gedanklich entwickelt. Kreativität entsteht, wenn Bekanntes neu kombiniert wird, wenn Vorgegebenes verändert, neu zusammengesetzt wird.

Fantasie ist also die Voraussetzung für Kreativität, die in Handeln und Sprache umgesetzt werden kann. Viele Tätigkeiten regen diese schöpferische Kraft an: Spielen, Darstellen, Malen und Gestalten, Musizieren und Sich Bewegen. Kreativität kann durch Spontaneität, Neugier und Weltoffenheit gefördert werden. Und genau diese Fähigkeiten besitzen Kinder noch in großem Maß.

Wozu wir Sprache, Kreativität und Fantasie brauchen

- Kinder, die sich ausdrücken können und verstanden fühlen, entwickeln meist mehr gesundes Selbstbewusstsein als andere. Es gelingt ihnen eher, sich bei Erwachsenen Gehör zu verschaffen. Doch dazu braucht es Fantasie: Wie stelle ich es an, dass mich einer bemerkt, wie mache ich ihm klar, was mich bewegt, ängstigt, freut? Und das wiederum geht mit Sprache leichter und konkreter.
- Mit Hilfe von Sprache können Kinder Ideen und Absichten nicht nur verständlich machen, sondern auch besser durchsetzen. Auch hier ist Fantasie hilfreich: Ideen entstehen im Kopf, Fantasie ist die Voraussetzung. Achten Sie einmal darauf, welche Strategien ein fantasie- und sprachbegabtes Kind entwickelt, um Sie von etwas zu überzeugen.
- Träume, Wünsche und Sehnsüchte können in der Fantasie ausgelebt werden. Bilder, Geschichten und Theaterstücke regen solche Fantasien an, die helfen, für sich selbst Klarheit zu finden.
- Wer Konflikte mit Worten anstatt mit Schlägen lösen kann, ist besser fähig, für seine Bedürfnisse auf sozial verträgliche Weise einzustehen und hat eine gute sozial-emotionale Kompetenz. Fantasie- und sprachbegabte Kinder sind flexibel, nehmen Herausforderungen an, suchen gern nach Auswegen und neuen Lösungsmöglichkeiten.
- Genauso können Problemsituationen mit Fantasie und Sprache gelöst werden. Wenn z.B. beim Spielen oder Basteln Material fehlt, kann mit Fantasie und Worten eine Lösung gefunden werden, die dann in die Tat umgesetzt werden kann.

- Aktionen wie eine Märchenstunde, ein Puppentheater oder ein Rollenspiel setzen Sprache und Fantasie voraus. Und gerade dies kann Kindern helfen, die eigene Situation oder ein persönliches Problem zu erkennen und sich damit auseinanderzusetzen.
- Sprache und Fantasie bieten den Kindern die Möglichkeit, sich selbst z.B. in Geschichten und Rollenspielen auszudrücken und mitzuteilen.
- Wer Freude an der Sprache hat, sich gut verständlich machen kann und verstanden wird, besitzt damit ein gutes Rüstzeug für die Schule und das Leben (vgl. Ferrari 1998, S. 10).

Sprechen – Lesen – Schreiben: Die Kulturtechniken schlechthin

Lesen und Schreiben sind *die* Kulturtechniken unserer Gesellschaft. Sie entscheiden, ob jemand am gesellschaftlichen, kulturellen und politischen Leben teilhaben kann. Sie stellen die Weichen in der Schule, im Berufs- und Privatleben, ganz gleich, ob es sich um einen Automechaniker oder Koch, einen Professor, eine Arzthelferin, einen Friseur oder eine Hausfrau handelt: Alle müssen in der Lage sein, den Sinn von Texten zu verstehen und sinnvolle Texte zu schreiben. Das Beherrschen des flüssigen Lesens und Verstehens ist auch in Zeiten der elektronischen Medien entscheidend dafür, dass diese sinnvoll und gewinnbringend genutzt werden können. Wer seine Informationen aus dem Internet statt aus dem Lexikon holt, muss Sinn verstehend lesen können, um nicht in der ungeordneten Informationsflut zu ertrinken. Doch vor dem Lesen und Schreiben stehen das Sprechen und verstehende Zuhören.

Jahrtausendelang lebten die Menschen ohne Schrift. Auch heute gibt es noch schriftlose Völker, die deshalb noch lange nicht kulturlos sind. Im Gegenteil: Sie pflegen mündliche Überlieferung in Form von Mythen, Gesängen, Geschichten – also in Form von Literatur – in besonderer Weise, denn in diesen Geschichten finden sie ihre Identität. Die „Songlines" der Aborigines, einem der ältesten Völker auf der Erde, legen davon noch heute Zeugnis ab. Über Jahrtausende bewahrten und überlieferten sie in diesen Liedern ihr Wissen über ihre Herkunft, ihre Geschichte, ihr Land.

Die Erfindung der Schrift machte es dann möglich, dem flüchtigen mündlichen Wort Dauer zu verschaffen. Sie wurde im Laufe der Jahrtausende zu *dem* Medium schlechthin, um Informationen, Erfahrungen, Gedanken festzuhalten, zu verarbeiten, weiterzugeben und auszutauschen, und zwar unabhängig von Zeit und Ort. Doch dieses Können und diese Macht waren nur Wenigen vorbehalten. Erst die Erfindung eines schnellen und effizienten Buchdrucks durch Johannes Gutenberg in der Mitte des 15. Jahrhunderts bereitete den Weg für eine Demokratisierung von Bildung.

Was hat das alles mit unseren Vorschulkindern zu tun?

Da die Sprachkompetenz für die Teilhabe an der Kultur sowie das Erlernen der Kulturtechniken von grundlegender Bedeutung ist, ist die gezielte Unterstützung der Sprachentwicklung entscheidend für die zukünftigen Bildungschancen eines Kindes. Die PISA-Studie zeigte, dass in einem hoch entwickelten Land wie Deutschland erschreckend viele 15-Jährige nicht richtig lesen können. Sie können zwar Texte entziffern, verstehen aber keine Sinnzusammenhänge und sind auch nicht fähig, sie wiederzugeben.

Durch diese Ergebnisse wurden die Bedeutung der sprachlichen Fähigkeiten und die Notwendigkeit der frühzeitigen Förderung deutlich. Deshalb ist die Sprachförderung ein besonderer Schwerpunkt der Bildungsarbeit in den heutigen Kindertageseinrichtungen (vgl. Hellrung 2006, S. 74–76). Diese sollte sich allerdings nicht auf spezielle Sprachförderprogramme beschränken. Die Freude an der Sprache im Alltag sowie spielerische und kindgerechte Angebote (z.B. Fingerspiele, Lieder, Geschichten, Rollenspiele) sollten in der Sprachförderungsarbeit in Kindertageseinrichtungen im Mittelpunkt stehen.

Spracherwerb als ganzheitlicher Prozess

Der Spracherwerb ist kein isolierter Vorgang, er ist ein Teil der Gesamtentwicklung des Kindes. Er findet nur im engen Zusammenspiel sensorischer, motorischer, kognitiver, emotionaler und sozialer Entwicklungsprozesse statt. Denn das Kind lernt nur als ganzer Mensch, auf ganzheitliche Weise (vgl. Zimmer 2009, S. 55–57).

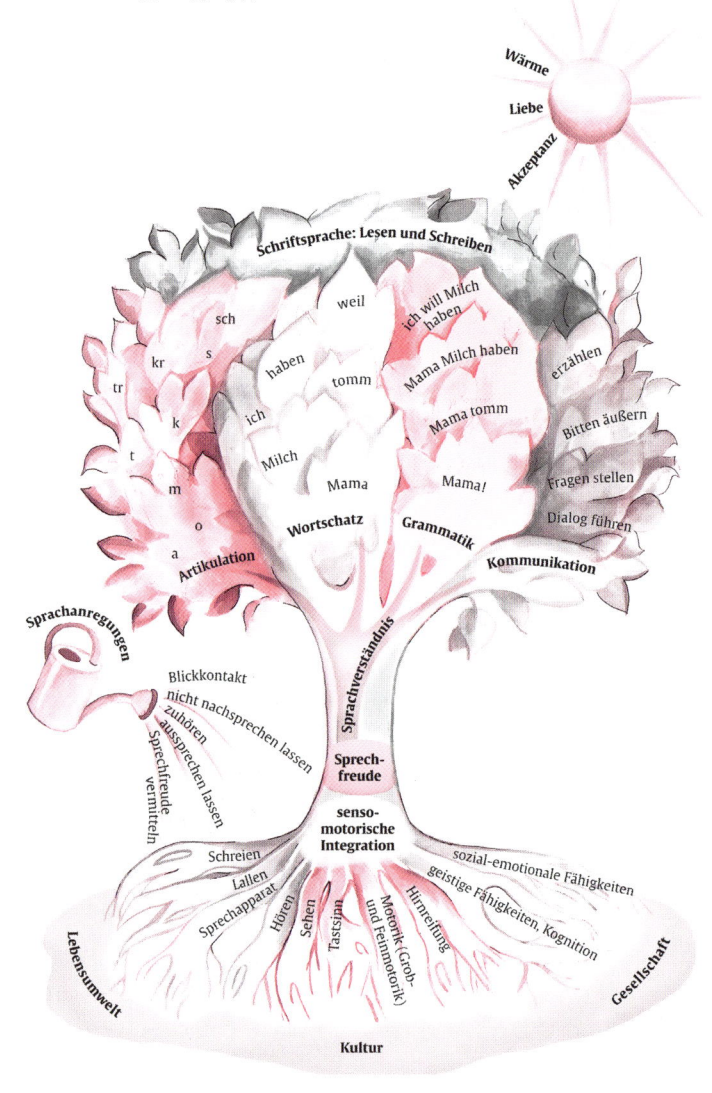

Voraussetzungen für eine gesunde Sprachentwicklung

Der von Wolfgang Wendlandt entwickelte **Sprachbaum** (Wendlandt 2006) stellt diesen ganzheitlichen Prozess des Spracherwerbs sowie dessen verschiedene Voraussetzungen sehr anschaulich dar.

a) Sprachanregendes Umfeld und positive Sprachvorbilder
Von Geburt an ist der Mensch mit der Fähigkeit ausgestattet, Sprache zu lernen. Das Lernen von Sprache erfolgt aber nur in der aktiven Auseinandersetzung mit der Umwelt. Damit Kinder ihre sprachlichen Fähigkeiten entfalten können, benötigen sie ein sprachanregendes Umfeld und positive Sprachvorbilder in Familie und Kindertageseinrichtungen. Eltern und Pädagogen sollten ihnen in erster Linie die Freude an der Kommunikation vermitteln, ihnen in Ruhe zuhören und sie aussprechen lassen (vgl. Hellrung 2006, S. 71–73). Auf ein solches pädagogisch positives Sprachverhalten wird im folgenden Kapitel vertieft eingegangen.

b) Sozial-emotionale Voraussetzungen
Das Kind benötigt für seine gesunde, ganzheitliche Entwicklung immer die liebevolle Aufmerksamkeit und Zuwendung fester Bezugspersonen. Die sozial-emotionalen Voraussetzungen sind somit ein entscheidender Faktor für den Spracherwerb. Das Kind braucht den Kontakt zu anderen Menschen. Erfährt es Zuwendung und Geborgenheit, kann es Vertrauen entwickeln. Dies ist die entscheidende Grundlage für sein Interesse an der Welt, am Lernen, an sozialen Kontakten, was wiederum den Spracherwerb fördert. Die positive Reaktion der Eltern bzw. der Bezugspersonen auf die ersten Laute, die ersten Wörter des Kindes, motiviert dieses zum Sprechen und lässt Freude am Sprechen aufkommen.

c) Wahrnehmung und Lernen mit allen Sinnen
Kinder lernen mit allen Sinnen. Je stärker ihre Wahrnehmung angesprochen wird, desto nachhaltiger lernen die Kinder. Von besonderer Bedeutung für den Spracherwerb sind hierbei das Hören, Sehen und Tasten. Das Kleinkind hört die eigenen Laute und die seiner Bezugspersonen. Dies motiviert es, weiterhin Laute zu produzieren, mit diesen zu experimentieren. Es nimmt die sprachlichen Äußerungen seiner Umgebung wahr und passt seine eigene Sprache dieser an.

Auch das Sehen bzw. Beobachten ist bedeutsam für den Spracherwerb. Der Blickkontakt zwischen Kind und Bezugsperson ist eine wichtige Voraussetzung für Interaktion und Kommunikation. Wenn Kinder das Mundbild und die Lippenbewegungen der mit ihnen sprechenden Person beobachten, unterstützt dies ihre eigene Lautbildung, denn sie ahmen das Gesehene nach. Neben den Fernsinnen Hören und Sehen sind aber auch die Nahsinne wie der Tast-, Geruchs- und Geschmackssinn für den Spracherwerb von Bedeutung. Das Baby ertastet sich seine Welt, indem es alles anfasst und mit dem Mund befühlt. So macht es sich über den Tastsinn ein Bild, einen Begriff von den Dingen. Diesem sinnlich Begriffenen werden dann die sprachlichen Begriffe zugeordnet. Auch die Gerüche und der Geschmack eines jeden Wesens und Objektes tragen zum Begreifen bei.

„Das Kind muss, wie im Bild vom Baum, alle Aspekte der Wahrnehmung zu einem Gesamtbild von sich selbst und von seiner Umwelt zusammenfügen." (Hellrung 2006, S. 63) Die sinnlich aufgenommen Reize werden vom Gehirn verarbeitet, wobei nur die wichtigen Informationen ausgewertet und abgespeichert werden. Diesen Prozess der Integration der Sinne nennt man **sensorische Integration** (vgl. Hellrung 2006, S. 63).

d) Bewegung und Psychomotorik

Nicht nur die Welt um ihn herum nimmt der Säugling mit seinen Sinnen wahr, auch sich selbst muss er kennenlernen und ausprobieren. Sich und seine Umwelt kann das Kind am besten über seine Bewegung wahrnehmen. Dabei helfen ihm das Gleichgewichtssystem, die Motorik. Es lernt, sich im Raum zu orientieren, sich sicher zu bewegen. Die dabei gemachten Erfahrungen kann es in einem psychomotorischen Prozess emotional und kognitiv verarbeiten.

„Kindliche Entwicklung ist zugleich auch immer psychomotorische Entwicklung. Psychomotorische Erfahrungen sind Erfahrungen, die das Kind mit seinem Leib und seiner Seele, seiner ganzen Person macht. [...] Somit kann Psychomotorik als ein Konzept ganzheitlicher Erziehung und Persönlichkeitsbildung durch Wahrnehmung und Bewegung verstanden werden, das im Kindergarten als Grundlage jeglicher Entwicklungsförderung gelten kann." (Zimmer 2004, S. 186) Sprachförderung muss in der Praxis nicht immer sitzend durchgeführt werden. Kinder in Bewegung gehen oftmals eher aus sich heraus. Wenn sie z.B. die Silben ihres Namens mit einem Ball prellen können, haben sie oft auch mehr Spaß an der Sache und lassen sich eher auf die Sprachübungen ein.

Das Sprechen an sich ist ein komplizierter Bewegungsablauf. Die gesamte Grob- und Feinmotorik ist an der Sprachentwicklung beteiligt. Körpersprache, Gestik, Mimik und Bewegung sind vorsprachliche Mittel der Verständigung. Die Wahrnehmung der Welt und der eigenen Person mit den Sinnen sowie durch die Bewegung erfolgt nicht isoliert. Die verschiedenen Reize werden im Gehirn zusammengeführt und verarbeitet. Unter **sensomotorischer Integration** wird das Zusammenspiel von Wahrnehmung und Motorik verstanden.

e) Physische und kognitive Voraussetzungen
Damit der Prozess des Spracherwerbs in Gang kommen kann, müssen bestimmte physische und kognitive Voraussetzungen gegeben sein. So müssen das Gehirn, das Zentralnervensystem und die Sinnesorgane entsprechend entwickelt sein. Die rechte Hirnhälfte ist hierbei eher für die ganzheitliche Wahrnehmung und die Verarbeitung emotionaler Reize zuständig. Ganzheiten, Bilder und Bedeutungen werden von ihr wahrgenommen, verglichen und mit bewussten Emotionen verbunden. Dieses Gehirnareal wird vor allem durch Musik, Rhythmen und Bilder gefördert. Die linke Hirnhälfte ist eher logisch orientiert und auf die Verarbeitung sprachlicher Informationen sowie die Koordination motorischer Abläufe spezialisiert (vgl. Zitzlsperger 2002, S. 55).

Beim Spracherwerb spielen aber beide Hirnhälften zusammen. Im Zentralnervensystem und im Stammhirn werden zuerst Wahrnehmungsfähigkeit und motorische Fähigkeit ausgebildet. Je besser diese entwickelt sind, desto leichter wird der Spracherwerb verlaufen. So sind für das Kleinstkind nonverbale und prosodische Elemente in der Kommunikation von großer Bedeutung. Prosodische Elemente sind dabei Tonhöhe, Betonung, Sprachmelodie, Lautstärke und Rhythmus. Zur nonverbalen Sprache gehören vor allem Mimik und Gestik.

All dies bieten Mütter seit Menschengedenken ihren Kindern, wenn sie ihnen Schlaflieder vorsingen, mit ihnen Krabbel-, Kniereiter- und Fingerspiele machen, wenn sie mit viel Mimik und mit ausdrucksvoller, vielleicht etwas höherer Stimme sprechen, Geschichten erzählen, ihnen dabei in die Augen schauen und sie berühren. Diese frühen Sprachspiele sind alle mit Bewegung verbunden, was die Aufnahmefähigkeit des Kindes verstärkt und den Spracherwerb begünstigt.

Ein Kind, das Sprache erlernt, vollbringt also eine enorme Leistung. Für die Beobachtung und Sprachstanderhebung eines Kindes ist es sehr wichtig, als Erzieherin über die verschiedenen Sprachbereiche Bescheid zu wissen. Stärken und Schwächen eines Kindes können besser erkannt und differenziert sowie Förderungsmaßnahmen gezielter durchgeführt werden.

Die verschiedenen Sprachbereiche

❑ **Artikulation**
Zuerst übt sich das Kind in der Artikulation, der Aussprache (Bereich der Phonologie). Hier geht es um das Erkennen und die Produktion von Lauten (Phoneme). Diese **phonologische Bewusstheit** ist auch Grundlage für das Lesen- und Schreibenlernen.

❑ **Wortschatz**
Kinder sind wahre Wörtersammler. Sie lernen Wörter nachzusprechen, ihre Bedeutung zu verstehen und sie anzuwenden. Der Wortschatz gehört zum Bereich der **Semantik.**

❑ **Grammatik**
Und ganz automatisch lernen Kinder Regeln der Grammatik anzuwenden, nach denen die Wörter angeordnet (Bereich der **Syntax**/des Satzbaus) und die Formen – z.B. Mehrzahl/Einzahl – verändert werden (Bereich der **Morphologie**/Formenlehre).

❑ **Sprachverständnis und kommunikative Fähigkeiten**
Doch dies allein genügt noch nicht. Das Kind muss die Fähigkeit entwickeln, das Gesprochene im Ganzen, in seinem Zusammenhang zu verstehen und es muss kommunikative Fähigkeiten entwickeln, z.B. verstehen, was eine Frage, eine Aufforderung, eine Information ist. Im Dialog angemessen reagieren zu können, gehört auch dazu.

Zum Abschluss möchte ich durch ein Beispiel aufzeigen, wie ganzheitliche Sprachförderung in Kindertageseinrichtungen aussehen kann. In den Klammern ist jeweils der Förderungsbereich angegeben.

Ein Beispiel ganzheitlicher Sprachförderung im Kindergarten

Ein Kleinkind bzw. ein Kind, das die deutsche Sprache noch erlernt, interessiert sich für Tiere, z.B. für Katzen.
An dieses Interesse kann die Erzieherin im Freispiel sowie in gezielten Einheiten zur Sprachförderung wunderbar anknüpfen. Je nach Möglichkeit, Bedürfnis und Motivation des Kindes kann sie auf verschiedene Weise – mit ihm allein bzw. in einer Kleingruppe – ins Gespräch zum Thema Katzen kommen und aktiv werden (vgl. Neumann 2001, S. 13–14):

Mögliche Bausteine ganzheitlicher Sprachförderung
- Die Erzieherin verbindet das Wort *Katze* mit Abbildungen einer Katze bzw. einer echten Katze und benennt dabei, was sie sieht (visuelle und akustische Wahrnehmung, Begriffsbildung).
- Das Kind streichelt eine Katze und benennt, was es sieht, fühlt und empfindet (Wahrnehmung, Tastsinn, Emotionen und Sprache).
- Die Erzieherin beobachtet mit dem Kind die Bewegungen einer Katze, ahmt diese mit dem Kind, z.B. beim Turnen, nach. Dabei zählt sie gemeinsam mit dem Kind die entsprechenden Verben auf (Motorik und Sprache).
- Beim Turnen oder beim Erzählen einer Geschichte ahmt die Erzieherin mit dem Kind die Laute der Katze nach (miauen, schnurren, fauchen) und verbindet diese mit den jeweiligen Verben und Gefühlen (Hören, Empfinden, Darstellen und Sprache).

❏ Das Kind zeichnet ein Bild von einer Katze. Dies bietet auch eine gute Gelegenheit, um mit dem Kind über sein Bild bzw. Katzen ins Gespräch zu kommen (Feinmotorik, Kreativität, Sprache).
❏ Die Erzieherin erzählt dem Kind Geschichten von Katzen oder sieht sich mit ihm entsprechende Bilderbücher oder Filme an (Wortschatzerweiterung, Verstehen, literarische Sprache).

In diesem Beispiel sind wesentliche Elemente ganzheitlicher Sprachförderung vereint. Sie können das Kind bei solchen oder ähnlichen Aktivitäten sowie im alltäglichen Geschehen sprachlich stimulieren, indem Sie:
- sein Interesse aufgreifen,
- ihm Anregungen für dieses Interesse geben (Input),
- Wahrnehmungen und Handlungen sprachlich begleiten,
- im Dialog mit dem Kind sind,
- dem Kind sprachliches Vorbild sind,
- ihm verschiedene kinderliterarische Formate (z.B. Bilderbücher, Märchen, Gedichte, Geschichten) anbieten.

Die Sprachentwicklung im Alltag unterstützen

Die Unterstützung des Spracherwerbs im Alltag ruht auf drei Säulen:

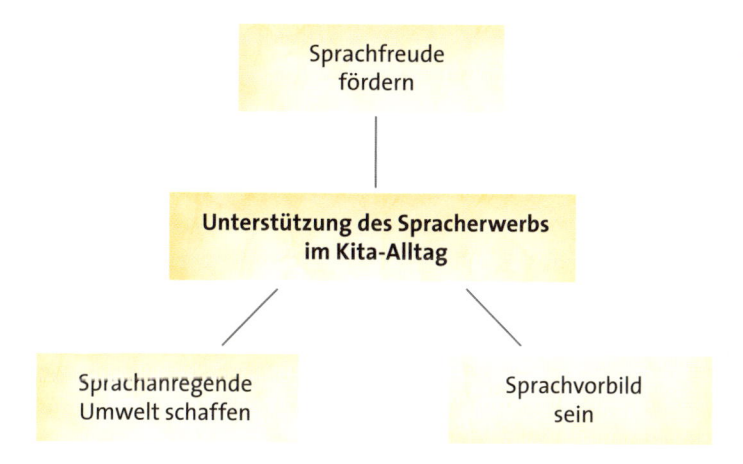

```
                    Sprachfreude
                      fördern
                         |
            Unterstützung des Spracherwerbs
                   im Kita-Alltag
                   /            \
        Sprachanregende         Sprachvorbild
        Umwelt schaffen              sein
```

1. Säule: Sprachfreude fördern

Die Förderung der Sprachfreude des Kindes und die Motivation zum Sprechen sind die Hauptaufgaben einer Erzieherin, um die Sprachentwicklung des Kindes im Alltag zu unterstützen. Diese Förderung ist nicht zu verwechseln mit gezielten Sprachförderungsprogrammen. Es ist vielmehr eine kontinuierliche Unterstützung, die im Alltag stattfindet, an die individuellen Ressourcen des Kindes anknüpft und – im besten Falle – solche Programme überflüssig macht.

Wenn die erzieherischen Grundhaltungen, also Wertschätzung, Empathie und Echtheit, gelebt werden, ist dies eine gute Voraussetzung für ein sprachfreundliches und -förderndes Klima. Stabile Beziehungen sowie Interaktionen, die von Offenheit und Vertrauen geprägt sind, geben dem Kind die Sicherheit und Freiheit, sich auszudrücken. Denn nur in einem Umfeld, in dem Kinder die Sprache auf vielfältige und freudvolle Weise im Alltag aufnehmen können, sind sie fähig, ihre sprachlichen Fähigkeiten (Lautsystem, Wörter, Grammatik und Kommunikationsregeln) gut zu entwickeln (vgl. Hellrung 2006, S. 71). Was heißt das konkret für Ihre Arbeit?

Sprachanregendes Erziehungsverhalten im Kita-Alltag

- Sie leben mit allen Kindern, Eltern und Kolleginnen eine Kultur der Sprachfreude.
- Sie nehmen das Kind ernst, interessieren sich für das, was es Ihnen mitteilen will, hören geduldig und konzentriert zu, geben ihm Zeit und helfen ihm dabei, sich auszudrücken. Solche Hilfe kann vor allem in W-Fragen (zum Beispiel „Was", „Warum", „Wie") bestehen, die dem Kind Raum geben für eigenes Denken.
- Am Morgen begrüßen Sie das Kind nicht nur mit „Guten Morgen", sondern achten sensibel darauf, ob das Kind etwas erzählen, fragen oder vorschlagen will. Wenn Sie nicht sofort Zeit für ein Gespräch mit dem Kind haben, sagen Sie ihm dies und versprechen ihm, dass es später Gehör findet.
- Im Freispiel, bei Beschäftigungen und vor allem beim gemeinsamen Spiel und Essen nutzen Sie die Zeit für individuelle Gespräche. Begleiten Sie das Tun sprachlich und geben Sie Gesprächsimpulse.
- Sie vermeiden es, die Aussprache oder den Ausdruck des Kindes offen zu korrigieren. Besser ist das indirekte Korrigieren. Sie greifen also auf, was das Kind gesagt hat, formulieren es richtig und erweitern den Kontext. Wenn das Kind bspw. sagt: „Gestern bin ich auf den Spielplatz *gegeht*", können Sie fragen: „Mit wem bist du denn auf den Spielplatz *gegangen* und was hast du dort gemacht?".
- Achten Sie sensibel auf die Interessen des Kindes und kommen Sie über diese mit ihm ins Gespräch. So fühlt sich das Kind be- und geachtet, es spürt, dass dem Gegenüber wichtig ist, was es zu erzählen hat. Die Interessen des Kindes können Sie spielerisch im Freispiel, Bildungsangebot und der Sprachförderung aufgreifen.
- Lustige Reime, Sprach- und Fingerspiele, das gemeinsame Betrachten eines Bilderbuchs sowie viele weitere spielerische Möglichkeiten im Freispiel erhöhen die Lust am Sprechen.

2. Säule: *Sprachanregende Umwelt schaffen*

Wie das Kind mit Sprache in Berührung kommt, ob es Freude an Sprache hat sowie seine sprachlichen Fähigkeiten entwickeln kann, hängt stark von seiner Umgebung und dem Verhalten seiner Bezugspersonen ab. In der Kindertageseinrichtung sind Sie die Bezugsperson, welche die sprachliche Entwicklung des Kindes unterstützend begleitet. Was heißt das für Ihre Arbeit?

Sprachanregende Gestaltung des Alltags und der Räume

- Schaffen Sie ruhige Räume in der Kita, in denen die Kinder ungestört miteinander reden können, in denen sie Geschichten lauschen oder sich zurückziehen können, um z.B. gemeinsam Bücher anzuschauen.
- Bringen Sie die Mädchen und Jungen im Freispiel und Angebot mit den verschiedenen Literaturformen (Bilderbücher, Geschichten, Märchen und Reime) in Berührung und vermitteln Sie ihnen den Spaß an diesen.

- In Büchereecken sollten Sie die Bücher so präsentieren, dass die Kinder Lust bekommen, sie anzuschauen: ansprechend in Bezug auf Thema und Bilder, in gutem Zustand und nicht veraltet. Das Angebot sollte immer wieder erneuert werden und thematisch variieren. Bücher und alle Formen von Schriftlichem (z.B. der Portfolio-Ordner) sollten stets präsent und erreichbar für die Kinder sein. Die Kinder können ihre Lieblingsbücher ausstellen und den anderen vorstellen.
- Achten Sie darauf, dass immer Material für Rollenspiele und für kreatives Schaffen bereitliegt. Alte Telefone, selbst gebaute Fernseher, ein Fotoapparat oder eine Videokamera, ein Kasperletheater mit entsprechenden Figuren, Kostüme u.v.m. eignen sich wunderbar. All diese Materialien, mit denen Bildergeschichten, Reportagen, kleine Filme und Theaterstücke erstellt werden, erfordern sprachliches Handeln.
- Verschiedene schreibanregende Materialien wie Stifte und Papier, Buchstabenschablonen und Magnetbuchstaben, Tafel und Kreide, Schreibmaschine mit Schreibvorlagen sollten den Kindern immer zur Verfügung stehen.
- Regen Sie die Kinder dazu an, sich gegenseitig Briefe zu malen oder zu schreiben, die sie in Postkästen deponieren.
- Fördern Sie das Interesse der Kinder an Schrift auf vielfältige Weise im Alltag: Bei Bildsymbolen in den Räumen kann z.B. das geschriebene Wort oder dessen Anfangsbuchstabe platziert werden. Alphabet- und Anlauttabellen, Legebuchstaben, Zahlen an den Stufen einer Treppe oder andere Zahlen- oder Buchstabensymbole bringen die Kinder spielerisch in Kontakt mit Schrift.
- Stellen Sie in jedem Raum eine Vielzahl von Materialien mit Beschriftung oder Schriftinhalten bereit. Verschiedene Regale, Schubladen, Kisten oder Ordner können mit einem Bildsymbol

und Schrift doppelt beschriftet sein. So lernt das Kind ganz nebenbei die richtigen Bezeichnungen und seine Selbstständigkeit wird gefördert. Geschichten oder Gedichte, die mit den Kindern behandelt oder selbst entwickelt wurden, können verschriftlicht werden, damit sie verfügbar bleiben.

- Auch gemeinsam erstellte Regeln sollten in Bild und Schrift ausgehängt und bei Bedarf immer wieder vorgelesen werden.
- Projektdokumentationen, Geschichten und Gedichte, die die Kinder mit der Erzieherin entwickelt haben, werden ausgehängt und/oder im Portfolio-Ordner abgeheftet. Diese Dokumentationen bergen ein großes sprach- und schriftanregendes Potenzial für die Kinder: Das selbst Erlebte sowie die eigenen Werke regen beim gemeinsamen Betrachten zum Gespräch an und die Schrift wird als Dokumentationsform der eigenen Geschichte in der Kita erlebt.
- Spiele aller Arten wie Rollenspiele, Bewegungs- und Darstellungsspiele, Gemeinschaftsspiele, Memories, Puzzles regen die Kinder zum Sprechen an. Gerade im Spiel verbinden sich Sprache, Wahrnehmung und Bewegung auf besondere Weise. Beim Spielen sprechen die Kinder miteinander, begleiten ihr Tun mit Sprache, müssen Regeln verstehen, aushandeln und sie anderen sprachlich vermitteln. Im Rollenspiel schlüpfen sie auch in andere sprachliche Rollen, können verschiedene Sprechweisen ausprobieren.
- Führen Sie sprachliche Rituale durch, z.B. bestimmte Verse, Sprüche, Gebete oder Lieder zur gemeinsamen Begrüßung oder Verabschiedung, zum Geburtstag, zum Essen, zum Aufräumen. Ein Ritual kann auch sein, wenn zum Abschluss des

Morgenkreises jeweils ein Kind in ein Überraschungssäckchen greift und ein Fingerspiel, ein Lied, ein Sprachspiel, ein Rätsel, ein Gedicht oder einen Spruch aus einem Märchen oder eine kleine Geschichte hervorzieht.
- ❏ Bauen Sie Projektarbeit, alle Formen der Partizipation sowie aktive Medienarbeit (Gesprächskreise, Kinderparlament, Gestaltung einer Kinderzeitung, eines Buchs, eines Hörspiels oder Videos) in den Kita-Alltag ein, denn diese fördern die Sprache in besonderem Maße. Beziehen Sie die Kinder in Planungen, Entscheidungs- und Lösungsfindungen mit ein.
- ❏ Ermöglichen Sie den Kindern ausreichend und abwechslungsreiche Bewegung, Erfahrungen in Rhythmik sowie die Schulung der Sinneswahrnehmung, und zwar in allen Bereichen: Sehen, Hören, Fühlen, Schmecken, Riechen. Denn diese sind unverzichtbar für die Sprachentwicklung.
- ❏ Verbinden Sie Wahrnehmungsspiele und Spiele zur Wortschatzerweiterung: Lassen Sie die Kinder verschiedene Gegenstände in einem Fühlkorb ertasten und bitten sie, das Erfühlte zu beschreiben. Oder die Kinder sollen versuchen, die Gegenstände am Geräusch zu erkennen. Auf dieser Erfahrungsbasis können die Kinder auf spielerische Weise ihren Wortschatz erweitern. Auch kann man mit den Kindern zusammen die Laute oder Silben der erfühlten Gegenstände klatschen bzw. auf Instrumenten spielen (z.B. Trommel), hüpfen oder mit einem Ball auf den Boden prellen.

3. Säule: Sprachvorbild sein

Kinder lernen durch Nachahmung, am Modell. Sie beeinflussen also mit Ihrem erzieherischen Sprachverhalten und Ihrer Sprachfreude auch das Sprachverhalten und die Sprachfreude der Kinder. Vor allem ist die Erzieherin selbst sprachliches Vorbild. Dies heißt übrigens nicht, dass sie in einem Kindergarten, in dem Dialekt gesprochen wird, diesen nicht sprechen darf. Der Dialekt gehört zum Kind und zu seiner Familie und sollte wertgeschätzt werden, genauso wie die Erstsprache von Kindern, die Deutsch nicht als Muttersprache haben. Allerdings muss es auch Ihr Ziel sein, die Kinder mit einem allgemein verständlichen Hochdeutsch in Berührung zu bringen. Es ist also abzuwägen, wann das eine und wann das andere angebracht ist. In der mündlichen Kommunikation sind die nonverbalen Ausdrucksmittel wie Mimik und Gestik von großer Bedeutung und helfen dem Gegenüber, das Gesagte zu verstehen. Gerade im Gespräch mit Kleinstkindern oder solchen, die Deutsch als Zweitsprache lernen, ist dies eine große Hilfe. Was heißt das für Ihr Sprachverhalten?

Günstiges Sprachverhalten der Erzieherin

- Sie sprechen nicht zu schnell und geben dem Kind Zeit, auf das Gesagte zu reagieren.
- Sie achten auf eine deutliche Aussprache. Besonders wichtig ist dies bei Endungen, z.B. „Willst du de**n** rote**n** oder de**n** blaue**n** Stift?").
- Sie setzen Mimik und Gestik ein und halten Blickkontakt.
- Sie benutzen korrekte und differenzierte Begriffe (gehen, laufen, rennen, sausen, springen, hüpfen, schleichen, humpeln, hinken).
- Sie hören dem Kind interessiert zu, lassen das Kind ausreden und fordern aber auch, selbst ausreden zu dürfen.
- Wenn Sie mit einem Kind sprechen, fühlen Sie sich in dieses ein und passen Sie Ihre eigene Sprache dem Bedürfnis sowie dem Lernbedarf des Kindes an. Dies bedeutet aber nicht, dass Sie „Babysprache" sprechen müssen. Sprechen Sie bspw. je nach Kind nicht zu viel, aber auch nicht zu wenig, damit dieses nicht über- oder unterfordert wird. Somit wird es sich vielleicht lieber am Gespräch beteiligen und von sich erzählen (vgl. Hellrung 2006, S. 71–73).
- Begleiten Sie Ihr Tun sprachlich. Sie können auch das Handeln des Kindes kommentieren. Wenn Sie mit einem Kind ein Puzzle machen, so sagen Sie nicht nur „Das Teil gehört dahin" und zeigen mit dem Finger auf das Gemeinte, sondern sagen

> Sie: „Schau mal, dieses Teil ist links ganz grün und man sieht ein Stückchen Wiese darauf. Und was siehst du hier, in der unteren rechten Ecke?"
> - Nutzen Sie verschiedenste Gelegenheiten im Alltag, um mit dem Kind ins Gespräch zu kommen (siehe die Ausführungen der 1. und 2. Säule dieses Kapitels).
> - Vermitteln Sie den Kindern Spaß an der Sprache im Alltagsgeschehen. Dann ist eine optimale Basis für die gezielte Sprachförderung vorhanden. Kinderreime müssen z.B. keinen Sinn ergeben, denn der spielerische Umgang mit der Sprache ist der Lernweg der Kinder.
> - Wenn Sie die Kinder zum kreativen Umgang mit Sprache heranführen möchten, bieten sich vielfältige Möglichkeiten, auf welche im Praxisteil ausführlich eingegangen wird. Als Beispiel sei vorab das gemeinsame Erfinden von Geschichten genannt. Hierbei werden spielerisch Sprache, Kreativität und Imaginationsfähigkeit gefördert. Praxisbeispiele hierzu finden sich im Kapitel über Geschichten (siehe S. 82–84).

Kinder brauchen das positive Vorbild der Erwachsenen, um ihre sprachlichen Fähigkeiten zu entwickeln und zu erweitern. Sie lernen aber auch gerne von anderen Kindern. Wenn Kinder Sprachstörungen oder Entwicklungsverzögerungen in ihrer Sprache haben, hilft dem Kind auch hier die Gelassenheit der Erzieherinnen und Eltern am besten. Sprache soll und darf Spaß machen und die beste Förderung erreicht man auf Basis der Sprachfreude (vgl. Hellrung 2006, S. 71–73).

Sprache ist also überall, im Freispiel, in allen Angeboten, in allen Räumen und bei allen Gelegenheiten (z.B. Spielen, Spaziergängen, gemeinsamen Mahlzeiten, Kinderkonferenzen, Festen). Es geht darum, sich dessen bewusst zu werden und diese Situationen in Bezug auf Sprache zu nutzen.

Mit Kinderliteratur zum Lesen, Schreiben und Sprechen hinführen: Literacy-Erziehung

„Lies! Mir! Vor!" – so der Titel eines viel beachteten Artikels, der kurz nach Veröffentlichung der ersten PISA-Studie in der Wochenzeitung „Die Zeit" erschien. Viele andere Artikel und Initiativen folgten, die alle zum Ziel haben, Kinder von Anfang an mit altersgemäßer Literatur vertraut zu machen.

Ein neues Fachwort wurde kreiert: Literacy-Erziehung. „Wörtlich heißt „Literacy" Lese- und Schreibkompetenz. Es umfasst als Fachbegriff im Deutschen jedoch mehr, nämlich Kompetenzen wie Textverständnis und Sinnverstehen, sprachliche Abstraktionsfähigkeit, Lesefreude, Vertrautheit mit Büchern und mit Schriftsprache oder die Fähigkeit sich schriftlich auszudrücken." (Ulich 2003, S. 6)

> **Aussagen in den Bildungsplänen zur Literacy-Erziehung**
> - „Bezogen auf die frühe Kindheit sind damit vor allem kindliche Erfahrungen rund ums Buch, Erzähl- und Schriftkultur gemeint. Dieser Bereich muss im Elementarbereich stärker als bisher einen Schwerpunkt bilden." (Bayerischer Bildungsplan 2003, S. 156)
> - Auch der baden-württembergische Orientierungsplan für Bildung und Erziehung sieht in der „Förderung der Sprache [den] Schlüssel in der Bildungsbiografie eines jeden Kindes" (Orientierungsplan für baden-württembergische Kindergärten 2006, S. 98). Er fragt unter anderem danach, ob Kindern regelmäßig vorgelesen wird, ob Gelegenheiten geschaffen werden, Lieder zu singen, kleine Gedichte, Abzählverse, Zungenbrecher zu sprechen und ob die Kinder ein vielfältiges Bücherangebot haben.

Warum dieses plötzliche Interesse an Kinderliteratur? Man braucht kein Experte für Lerntheorien zu sein, um zu erkennen, dass man nur das mit Eifer lernt, was einem Gewinn, Lust und Nutzen verspricht. Warum soll ich mühsam lesen lernen, wenn ich nie erfahren habe, dass in diesen kleinen Zeichen die Welt stecken kann? Dass sie Lust und Schmerz, Spaß und Spannung, Abenteuer und Träume, Antworten auf meine Fragen und Gefühle enthalten? Wieso soll ich wirkliches Interesse daran haben, schreiben zu lernen, wenn ich nie erfahren habe, dass ich durch das Aufschreiben vergänglichen Dingen Dauer und abwesenden Dingen Gegenwart verleihen kann? Dass ich Gedanken, Fragen, Gefühle, Informationen, Anliegen vermitteln kann über Zeit und Entfernung hinweg?

Es gibt zahlreiche Untersuchungen, die bestätigen, dass Schreib- und Lesekompetenz eindeutig mit Lesemotivation und Lesefreude zusammenhängen. In Heft 12/2006 von „kindergarten heute" wurde ein Beobachtungsbogen für die Sprachentwicklung von Kindern vorgestellt, der besonders die „early literacy" ins Auge fasst, denn die gehöre ganz wesentlich zur Sprachentwicklung, sei also nichts „Zusätzliches oder gar ein Luxus, den man sich für die Grundschule oder für das Gymnasium aufheben kann". (Ulich/Mayr 2006, S. 23) Dieser Beobachtungsbogen nennt sich SELDAK, ist inzwischen in vielen Kindertageseinrichtungen bekannt und wird von vielen Erzieherinnen verwendet. Er wurde vor allem für Kinder mit Deutsch als Erstsprache entwickelt. Denn auch bei diesen Kindern gibt es in der Sprachkompetenz erhebliche Unterschiede und bei vielen von ihnen Handlungsbedarf. Die Abkürzung SELDAK bedeutet „**S**prach**e**ntwicklung und **L**iteracy bei **d**eutschsprachig **a**ufwachsenden **K**indern".

> **SELDAK bezieht sich auf**
> - **Phonologische Bewusstheit:** Hat das Kind ein Bewusstsein für Sprachrhythmus und den lautlichen Aufbau von Sprache? Gedichte, Silbenspiele, Lieder mit Bewegung spielen hier eine große Rolle.
> - **Wortschatz:** Hier werden Gesprächsbeiträge der Kinder und ihre Fähigkeiten zum Nacherzählen von Geschichten angeschaut.
> - **Sprachverständnis:** Die Fähigkeit, nur sprachlich vermittelte Informationen zu erfassen, die Fähigkeit aktiven Zuhörens und des Sinnverstehens bei längeren und komplexen Texten, z.B. bei einer Erzählung oder Diskussion.
> - **Grammatik:** Kann das Kind korrekte grammatische Strukturen verstehen und anwenden? Auch hier hilft das Hören von Geschichten, das Vorlesen.

Auch spezielle Sprachförderprogramme arbeiten mit Kinderliteratur, vor allem mit Kinderreimen. Ein Beispiel ist das **Würzburger Trainingsprogramm** zur phonologischen Bewusstheit, das hauptsächlich für Kinder mit Deutsch als Muttersprache entwickelt wurde (vgl. Küspert/Schneider 2008). Der Schweizer Zivi Penner hat ein Programm zur Sprachförderung entwickelt, das sich speziell der **Frühförderung fremdsprachiger Kinder im Kindergarten** widmet (vgl. Penner 2006).

Was heißt das für die Vorschulerziehung?

In der Vorschulerziehung werden die Weichen dafür gestellt, ob das Kind einmal schreiben und lesen lernen *will* oder ob es dies nur als lästige Pflicht erlebt. Wenn es stimmt, dass Kinder, die positive Erfahrungen mit Schrift und Kinderliteratur gemacht haben, nicht nur einen besseren Sprachstand, sondern auch eine stärkere Motivation haben, selbst lesen und schreiben zu lernen, dann müssen sie diese Erfahrungen in Kindertageseinrichtungen machen können. Zum Glück gibt es immer noch Familien, die ihren Kindern Literacy-Erfahrungen vermitteln, aber es gibt eben auch viele, die ihren Kindern das nicht ermöglichen können.

Hier liegt die kompensatorische Aufgabe der Vorschulerziehung. Schon hier kann darüber entschieden werden, inwieweit das Kind einmal an unserem Bildungssystem teilhaben kann. Die Schere zwischen privilegierten und weniger privilegierten Kindern klafft weit auseinander. Gerade Deutschland wird immer wieder gerügt, weil hier Kinder aus sozial schwachen und bildungsfernen Schichten sehr geringe Chancen haben, einen Bildungsabschluss zu erreichen, oft nicht einmal den einfachsten. So ist, wie Ulich und Mayr schreiben, eine reichhaltige Literacy-Erziehung in Kindertageseinrichtungen nicht nur ein Bestandteil der Sprachförderung, sondern eine langfristige Investition in Bildungschancen (vgl. Ulich/Mayr 2006, S. 25).

Kinder im Alltag sprachlich zu fördern, ist die große Aufgabe der Zukunft. Denn besondere Sprachförderprogramme bringen oft nicht den gewünschten Erfolg, wie auch auf der Fachtagung der Landesstiftung Baden-Württemberg „Sag mal was" im April 2009 deutlich wurde. Umso wichtiger ist es, dass Erzieherinnen und Eltern wissen, was das Kind braucht, um sprachlich gefördert zu werden. Schließlich ist Sprache überall und zu jeder Zeit, nicht nur in einer Sprach- und Schreibwerkstatt und nicht nur in der Förderstunde am Montag von 11 bis 11.30 Uhr!

Es geht um die ganzheitliche Sprach- und Persönlichkeitsentwicklung. In der Abbildung des Sprachbaums (siehe S. 18) wird sehr schön deutlich, dass für die kindliche Sprachentwicklung das Zusammenspiel kognitiver, emotionaler, sozialer und motorischer Faktoren ausschlaggebend ist. Sprachanlässe können im Kindergartenalltag geschaffen werden. Kinderliteratur trägt auf besondere Weise zu einer ganzheitlichen Entwicklung des Kindes bei, wenn es Erwachsene gibt, die das Kind mit dem rechten Buch zur rechten Zeit in Berührung bringen. Denn Bilderbücher, Geschichten, Märchen und Gedichte sprechen die Kinder als Ganzes – mit Geist, Leib und Seele – an. Sie denken mit und erleben, was die Figuren in den Geschichten erleben. Dabei durchleben sie alle Arten von Gefühlen, reagieren körperlich, wenn sie bei einer spannenden Geschichte mitfiebern oder sich zu einem Gedicht oder Lied rhythmisch bewegen. Abstrakte Werte werden in Geschichten und Gedichten konkret erfahren.

Die Bücher brauchen die Fantasie der Kinder, das ist wahr.
Aber noch wahrer ist, dass die Fantasie der Kinder
die Bücher braucht, um zu leben und zu wachsen.

Astrid Lindgren

Die Begeisterung und Motivation der Kinder für ein Thema ist die beste Grundlage für ihre ganzheitliche (Sprach-)Förderung. Bilderbücher, Geschichten, Märchen und Gedichte können ein wunderbarer Einstieg in verschiedenste Angebote und Projekte sein.

Zum Thema können Bilder gemalt oder Collagen hergestellt werden. In Rollenspielen sowie Klang- oder Bewegungsgeschichten können die Kinder die Handlung auf verschiedenen Erfahrungsebenen erleben. In weiterführenden Angeboten, die das Interesse und die Ideen der Kinder aufgreifen, können sie in allen Entwicklungs- und Bildungsbereichen angesprochen und gefördert werden.

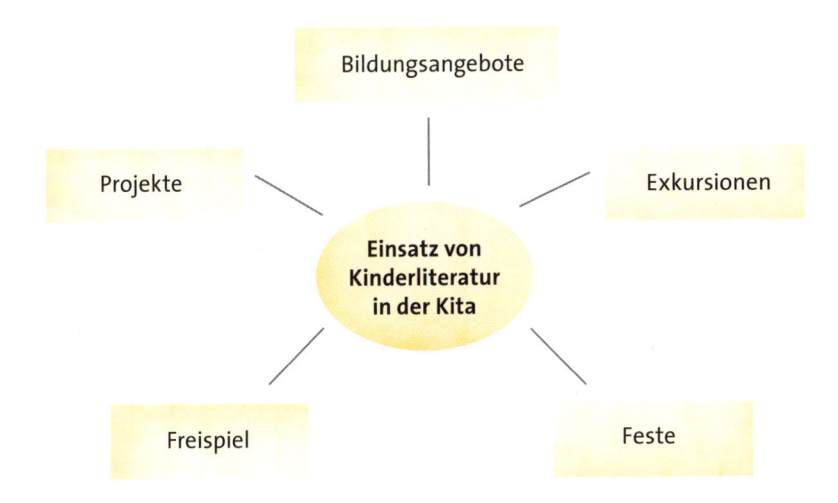

```
              Bildungsangebote
                    |
   Projekte         |         Exkursionen
        \           |           /
         \   Einsatz von      /
          \  Kinderliteratur /
          /   in der Kita   \
         /         |         \
   Freispiel       |          Feste
```

1. In gezielten **Bildungsangeboten**: z.B. Bilderbuchbetrachtungen, Klanggeschichten, Fingerspiele, Reime, Rollen- und Darstellungsspiele, Märchen- und Erzählstunden, gemeinsames Dichten.
2. Im **Freispiel**: z.B. spontane Bilderbuchbetrachtungen oder Erzählen von Geschichten nach Interessen und Wünschen der Kinder, Sprachspielereien der Kinder aufgreifen, vertiefen, aufschreiben und dokumentieren; Kinderbibliothek, Schreib- und Dichterwerkstatt.
3. Bei **Festen**: z.B. Geburtstagskindern eine Geschichte oder einen Vers als Geschenk überreichen, zu religiösen und jahreszeitlichen Feiertagen entsprechende Geschichten und Gedichte behandeln, bei Festen Geschichten und Gedichte vorspielen bzw. vortragen.
4. In **Projekten**: z.B. Bücher zur Informationsbeschaffung nutzen, Projektthemen mit geeigneten Bilderbüchern, Geschichten, Märchen und Reimen veranschaulichen und vertiefen, Projektarbeiten gemeinsam kreativ dokumentieren.
5. Bei **Exkursionen** in die Umgebung: Ein Buch hilft z.B. Pflanzen zu bestimmen, ein Stadtführer, die Stadt zu erkunden.

Drei Freunde, Waldemar, das dicke Schwein, Jonny Mauser, die freche kleine Maus, und der Hahn Franz von Hahn, verbringen einen wunderschönen Tag zusammen, an dem sie gemeinsam viel erleben. Als es Abend wird, schwören sie, einander nie zu verlassen. Doch nun kommt die Nacht und keine der drei Behausungen eignet sich, alle aufzunehmen. Sie müssen ihren Schwur brechen und sich für die Nacht trennen. Doch da kommt die rettende Erkenntnis: Im Traum wird die räumliche Trennung überwunden und so können sie doch vereint bleiben (vgl. Heine 2009).

Beispiel Bilderbücher

Welche Kompetenzen des Kindes werden durch die Bilderbuchbetrachtung von Helme Heines „Freunde" gefördert?

Selbstkompetenz

Das Bilderbuch eignet sich besonders gut zur Identifikation mit den drei Hauptfiguren. Die drei Tiere stellen im Grunde verschiedene Kinder dar, die sich hier als einzigartige, individuelle Wesen mit eigenen Stärken und Schwächen wiederfinden können. Dies kann zur Ich-Stärkung beitragen. So braucht sich Waldemar z.B. nicht für sein Dicksein zu schämen. Hätte er nicht seinen dicken Po, hätte er das Loch im Boot nicht so gut abdichten können. Das Kind erkennt sich in typischen Alltagssituationen wieder und es kann Gefühle nachvollziehen: Es erlebt Freude, wenn es sieht, welchen Spaß die drei bei ihren Spielen haben, Trauer, wenn sie keinen gemeinsamen Schlafplatz finden und sich trennen müssen, Spannung, wenn die Freunde kentern. Durch dieses Mitleben werden sich die Kinder ihrer eigenen Gefühle bewusst. Sie werden aber auch durch die Freunde angeregt, Neues auszuprobieren und nicht aufzugeben, wenn etwas nicht klappt. Drei Mal starten die Tiere den Versuch, ob sie alle bei einem der Freunde übernachten können. Und als sie die Erfahrung gemacht haben, dass es wirklich nicht geht, finden sie eben eine neue Lösung. Die Erkenntnis, dass man nicht immer unmittelbar zusammen sein muss, dass man Nähe auch in Gedanken oder Träumen, herstellen kann, ist eine Erkenntnis, die dem Kind ein Leben lang bei Gefühlen von Einsamkeit hilfreich sein kann.

Die Auseinandersetzung mit dem Thema Gerechtigkeit ist vielen Kindern ganz wichtig und eine wesentliche Voraussetzung dafür, ihren Platz in der Gesellschaft zu finden. Auch hierfür bietet das Buch eine Anregung.

Die Szene, in welcher der dicke Waldemar mehr Kirschen für sich fordert und als Zugabe die Kirschkerne erhält, greift das Thema witzig ironisierend auf und regt das Kind zum Nachdenken und Diskutieren an. Ist das Prinzip „Alle bekommen das Gleiche" wirklich immer „gerecht"? Das Kind erlebt Freude und Befriedigung, wenn es der Geschichte folgt, wenn es selbst die Geschichte aus den Bildern „herauslesen" kann. Seine Sprachkompetenz wird gefördert, wenn es erzählt, was es auf den Bildern sieht, wenn es seine Meinung äußern kann, wenn es sich – ganz allgemein – verständlich machen kann und so zum Gesprächspartner wird.

Sozialkompetenz
Das Buch handelt, wie schon der Titel sagt, von Freundschaft. Es erfordert soziale Kompetenz, Freundschaften zu schließen, sich als Freund zu verhalten, Schwierigkeiten in der Freundschaft überwinden zu können. Die Geschichte zeigt, dass Freundschaften zwischen ganz unterschiedlichen Individuen möglich sind. Ja, dass gerade diese Unterschiede eine Freundschaft bereichern. Dies wird ausdrucksstark über die Bilder transportiert: Die drei Freunde auf dem Fahrrad, das einer allein niemals fahren könnte oder die drei im Boot, wo jeder Einzelne zum Gelingen der Bootsfahrt beiträgt. Diese Bilder stehen geradezu symbolhaft für das, was Freundschaft ausmacht.

Um sich sozial zu verhalten, braucht es die Fähigkeit, sich in andere hineinzuversetzen. Auch diese Empathie wird durch das Bilderbuch gefördert. Die Kinder erfahren, dass jeder aufgrund seiner individuellen Fähigkeiten etwas zur Gemeinschaft beitragen kann. Die Situation der Bilderbuchbetrachtung selbst ist geeignet, Sozialkompetenz zu fördern. Die Kinder erfahren, dass die Äußerung und Meinung eines jeden wichtig ist, sie lernen aufeinander Rücksicht zu nehmen, versperren sich nicht die Sicht, lassen sich gegenseitig zu Wort kommen und hören einander zu.

Sachkompetenz
Durch die ausdrucksstarken Bilder und eine Farbgestaltung, die Emotionen weckt, eignet sich das Buch nicht nur optimal zur Förderung der Sprache. Auch die kognitiven Fähigkeiten werden gefördert. Die Kinder üben sich darin, die Aussagen der einzelnen Bilder, deren Zusammenhänge und die Handlungsstruktur der Geschichte weitestgehend eigenständig zu begreifen und nachzuerzählen. Sie erkennen z.B. aus der Bilderfolge, wie die Freunde das Problem des gemeinsamen Übernachtens lösen wollen und

aus welchem Grund die Versuche erfolglos bleiben. Die Bilder regen dazu an, Vermutungen anzustellen, wie es weitergehen könnte, bspw. als die Tiere vor dem defekten Boot stehen. Dies fördert die Fähigkeit zum vorausschauenden Denken sowie zur kreativen Lösungsfindung. Die Kinder können die Bilder und Szenen mit ihrem Alltag verbinden, was die Assoziationsfähigkeit stärkt. Natürlich ist das Wissen um Freundschaft auch ein Teil der Sachkompetenz. Nicht zuletzt lernen die Kinder auch Einiges über die Eigenschaften und Gewohnheiten der verschiedenen Tiere, z.B. wo sie wohnen und was sie gerne essen.

Beispiel Bilderbücher

Lern-/Methodenkompetenz

Durch die lustige Handlung und die farbenfrohen, witzigen Illustrationen erleben die Kinder Freude am Buch und lernen vieles über dieses Medium im Allgemeinen. Sie erfahren, wie man Bücher nutzt: bspw. wie man sie durchblättert, dass man sie von links oben nach rechts unten liest, dass die Geschichte sowohl in den Bildern als auch in den kleinen schwarzen Zeichen steckt. All dies kann Lesemotivation wecken. Sie lernen, sich das Buch selbstständig zu erschließen und erfahren, dass ein Buch spannend, witzig, gefühlvoll, informativ sein kann. Hierdurch werden sie angeregt, in verschiedenen Situationen zu Büchern zu greifen, um sich Wissen anzueignen oder sich inspirieren und unterhalten zu lassen.

Welches Bildungs- und Lernpotenzial Bilderbücher beinhalten und inwiefern sie Kinder ganzheitlich fördern können, wird ab Seite 56 in einer didaktischen Analyse bezogen auf das Bilderbuch „Freunde" verdeutlicht.

Was sind eigentlich Bilderbücher und welche Arten gibt es?

Damit Sie sich besser in der Flut der Bilderbücher orientieren können und um die kognitive Leistung, die das Kind beim Betrachten dieser Bücher vollbringt, zu veranschaulichen, werden im Folgenden die verschiedenen Typen von Bilderbüchern vorgestellt (vgl. Maier 1993).

Elementarbilderbuch

Das Elementarbilderbuch kommt dem Bildbetrachten des Kleinkindes entgegen. Es muss erst lernen, das Bild als Abbild der Realität zu begreifen. Dabei übt es das anschauende Erkennen und Wiedererkennen. Dies erfordert bereits ein hohes Maß an Abstraktionsvermögen. Der Hund auf dem Bild sieht wahrscheinlich anders aus als der Hund, den das Kind in der Realität kennt, und dennoch lernt es, in dem Bild den Hund zu erkennen. So entwickelt es sein Vorstellungsvermögen. Gleichzeitig lernt das Kind, Wahrgenommenes einem Namen, also einem Wort zuzuordnen. Das Buch unterstützt so auch den Spracherwerb. Im Elementarbilderbuch werden Dinge aus der alltäglichen Umwelt des Kindes dargestellt. Es freut sich, wenn es sie wiedererkennt. Da es die Dinge auf dem Bild immer wieder und solange es will ansehen kann, dient dies einer aktiven Auseinandersetzung mit der Umwelt.

Um das Kind nicht zu überfordern, stellt das Elementarbilderbuch die Dinge auf je einer Seite einzeln und statisch in großflächigen, klar und einfach gezeichneten Abbildungen dar. Die Farben sind meist unvermischt und kräftig. Es muss noch kein Zusammenhang zwischen den Bildern hergestellt werden. Anschauen, Benennen und „Be-greifen" stellen in dieser frühen Phase des Bildersehens eine Einheit dar. Die Kinder experimentieren mit dem Buch und testen seine Spielqualitäten. Darum sollten diese Bücher aus festem Material sein.

Szenenbilderbuch

Das Szenenbilderbuch lenkt den Blick auf ein Geschehen und fördert eine dynamische Bildbetrachtung. Da es um Handlung, um Bewegung geht, ist ein Szenenbilderbuch ohne Menschen und/oder Tiere als Akteure nicht denkbar. Oft sind auf einer Seite mehrere Szenen abgebildet. Eine Szene ist wie ein Schnappschuss, der einen Moment einer Handlung festhält. Das Kind lernt Zusammenhänge erkennen, vor- und zurückzudenken, also zu kombinieren. Beim Betrachten und Verstehen der Szenen wird es sich an eigene Erlebnisse erinnern und zum Erzählen von Geschichten angeregt, in denen die betreffende Szene eine Rolle spielt. Das Kind muss sich konzentrieren, genau hinschauen, um die Szene zu erkennen. Seine visuelle Wahrnehmungsfähigkeit wird somit auch geschult. Durch solch ein Buch kann es auch auf Neues, noch Unbekanntes vorbereitet werden. Ebenso kann Erlebtes vertieft werden. Bücher wie die altbekannten von Ali Mitgutsch (vgl. Mitgutsch 2007) und die neuen Bücher zu den vier Jahreszeiten und der Nacht von Rotraut Susanne Berner (vgl. Berner 2004) bleiben für die Kinder über lange Zeit attraktiv, da sie sich je nach Bedürfnis und Fähigkeit eine Szene oder Geschichte aus dem Buch aussuchen können.

Bilderbuchgeschichten

Schon die Szenenbilderbücher regen das Kind zum Erzählen an. Sie verwandeln den statischen Charakter des Bildgehalts in dynamisches Geschehen. Die Fähigkeit des Kindes, Menschen, Tiere und Dinge in einen Zusammenhang und Handlungsablauf zu setzen, nimmt stetig zu. Doch im Szenenbilderbuch kann sich das Kind einzelne Szenen herausgreifen, es muss keinen Zusammenhang zwischen den Szenen herstellen. Dies ist in der Bilderbuchgeschichte anders. Hier wird in Bildern eine Geschichte erzählt, die von der ersten bis zur letzten Seite einen Zusammenhang bildet. Logisches Denken ist gefordert. Durch das Vorlesen, das eigene Erzählen und Kommentieren der Geschichte sowie das Reden über diese werden Sprechen und Denken besonders gefördert.

Arten von Bilderbuchgeschichten

❏ **Realistische Bilderbuchgeschichten**
Hier bleibt die Geschichte im Rahmen der tatsächlichen und möglichen Wirklichkeit. Wirklichkeit ist hier vor allem die Welt des Kindes, sein soziales Umfeld, also Familie, Freunde, Kindergarten, Ferien, aber auch Tiere, Pflanzen, Technik. Alles, was das Kind interessiert, eignet sich als Stoff für diese Bücher.

❏ **Fantastische Bilderbuchgeschichten**
In diesen Geschichten sind Dinge möglich, die in der Realität nicht möglich sind: Wesen und Fähigkeiten kommen vor, die es nicht wirklich gibt. Dies kommt dem kindlichen Bedürfnis des Fantasierens entgegen. Inhaltlich sind auch diese Bilderbücher real, denn durch die fantastische Handlung wird, wenn sie gut gemacht ist, etwas von den Gefühlen und Wünschen des Kindes ausgedrückt.

- **Wirklichkeitsnahe Bilderbuchgeschichten mit irrealen Elementen**
  Zu dieser Art gehören Bücher, in denen z.B. vermenschlichte Tiere sehr realistisch Szenen aus dem Leben der Kinder darstellen. Sehr viele dieser Bilderbücher sind deshalb eigentlich realitätsnah. Die fantastischen Elemente dienen sogar dazu, die Realität deutlicher erkennbar zu machen.

- **Sachbilderbücher**
  Diese Bücher dienen vor allem der Wissensvermittlung. Sie helfen, Eindrücke, vorhandenes Wissen und Fragen aufzugreifen, zu ordnen, zu vertiefen, zu erweitern. Sie regen somit zur selbstständigen Aneignung von Wissen an. Kriterien für gute Sachbücher sind dabei Richtigkeit der Information, Verständlichkeit der Darstellung und Anschaulichkeit.

- **Bilderbuchgeschichten nach Märchen, Fabeln, Sagen**
  In diesen Bilderbüchern wird überliefertes Kulturgut vermittelt. Neben kitschigen und klischeehaften Illustrationen gibt es gerade bei den Märchen-Bilderbüchern solche, die künstlerisch herausragen: z.B. Binette Schröder, Lisbeth Zwerger, Tatjana Hauptmann, Maurice Sendak, Nikolaus Heidelbach.

- **Religiöse Bilderbücher**
  Diese vermitteln Geschichten aus der Bibel und aus dem Leben von Heiligen wie Sankt Martin und dem heiligen Nikolaus.

Wissen
Bilderbücher

Diese Typen tauchen oft vermischt auf, was wir am Beispiel der „Kleinen Raupe Nimmersatt" von Eric Carle sehen können. Hier handelt es sich um ein wirklichkeitsnahes Bilderbuch mit irrealen Elementen. Es vermittelt Sachwissen, nämlich die Entwicklung des Schmetterlings vom Ei über die Raupe und Puppe zum Schmetterling. Allerdings wird die Raupe vermenschlicht, was natürlich ein irreales Element ist. Hierdurch können sich die Kinder besser mit ihr identifizieren. Zugleich können sie vieles lernen: Zahlen, Wochentage, Obstsorten, den Zusammenhang von Ernährung und Unwohlsein. Vor allem erleben sie emotional, dass Entwicklung etwas Positives ist.

Was Bilderbücher zur Entwicklung und Bildung beitragen

Bilderbücher sind Bildungs-Bücher: Dies wird in den folgenden Ausführungen aufgezeigt.

a) Bilder „lesen" ist Vorbereitung auf das „richtige" Lesen

Bilder und Zeichen stellen Wirklichkeit dar

Lange bevor es Schrift gab, benutzten die Menschen Bilder, um etwas darzustellen oder mitzuteilen. Höhlenmalereien, Vasen, Wandgemälde und Bildteppiche erzählen vom Alltagsleben der Menschen, von ihrer Umwelt, ihren Tätigkeiten. Sie erzählen ganze Geschichten. Bilder gehören also genauso wie Schrift und Zahlen zu den Symbolen, durch die wir mit anderen, die diese Symbolsprache kennen, kommunizieren können. Aus den Bildern entwickelte sich nach und nach eine Bilderschrift wie die ägyptischen Hieroglyphen oder die chinesischen Schriftzeichen. Die Bilder wurden immer abstrakter, erhielten immer mehr Zeichencharakter mit Symbolfunktion. Schließlich entstand die Buchstabenschrift, deren einzelne Zeichen für Laute stehen und die es ermöglicht, jedes Wort, unabhängig davon, ob es einen konkreten oder abstrakten Inhalt hat, in Schrift zu fassen. Während die Bilder und die Bildzeichen noch eng mit dem Gemeinten verknüpft sind, besteht zwischen unseren Schriftzeichen und dem, worauf diese verweisen, kein konkreter Zusammenhang mehr.

Die Entwicklung ging also vom Konkreten zum Abstrakten. Und genauso verläuft die Entwicklung des Denkens. Wie funktionieren all diese Symbole, ganz gleich ob Bild oder abstraktes Zeichen? Sie funktionieren durch Repräsentation. Ein Bild oder Zeichen verweist auf etwas, das einzig aufgrund des Bildes oder Zeichens in der Vorstellung lebendig wird. Genau dies passiert im Kopf des Kindes, das ein Bild anschaut.

Wie das Kind Bilder und Zeichen deuten lernt

Das Kind lernt im Laufe seiner Entwicklung, sich einen Menschen bzw. einen Gegenstand vorzustellen. Die Fähigkeit zu symbolisieren und zu fantasieren ist entscheidend für die Denkfähigkeit. Der Säugling kann zwar fühlen und wahrnehmen, aber er kann noch nicht über die Dinge nachdenken. Das heißt, er hat noch kein Bild und keine Vorstellung von Dingen und Objekten, er kann sie noch nicht symbolisieren. Der Säugling hat z.B. von der Mutter noch kein Bild, das er sich vorstellen kann, wenn sie nicht da ist. Er vermisst seine Bezugsperson und empfindet massive Unlustzustände, kann dies aber nicht in Worte fassen. Die Fähigkeit zu symbolisieren ermöglicht dem Kind mit Gefühlen anders umzugehen, ihnen nicht mehr hilflos ausgeliefert zu sein.

Erst zwischen dem 12. und 18. Lebensmonat ist das Kind fähig zum symbolischen Spiel, in welchem bspw. ein Holzklotz zum Auto wird. Jetzt lernt es auch, Abbildungen mit eigenen Vorstellungen, Gesehenem und Erlebtem in Verbindung zu bringen. Es kann sich Personen, Objekte und Situationen vorstellen und mit Gefühlen besetzen. Wenn ein Kind im Supermarkt auf einer Dose Katzenfutter die Abbildung einer Katze entdeckt, darauf deutet und „Miau" oder auch „Katze" sagt, dann kann es sich allein durch eine Repräsentation (das Bild auf der Dose) Dinge vergegenwärtigen, ohne dass diese anwesend sind (vgl. Whitehead 2007, S. 63). Wenn dann allein das

Wort „Katze" bei dem Kind die Vorstellung einer Katze ohne deren reale oder bildliche Präsenz auslöst, hat das Kind einen ersten Schritt zum symbolischen Denken mittels Sprache gemacht. Dies ist die Grundlage für die weiterführende Kommunikation mit dem Kind.

Von nun an kann über Dinge gesprochen werden, die über die eigene Erfahrung hinausgehen. Man kann über Erfahrungen anderer sprechen, diese nachvollziehen, ohne selbst diese Erfahrungen gemacht zu haben. So ist das Tor zur Welt geöffnet. „Damit ist es [das Kind] nicht mehr nur auf seine subjektiven Verständnishorizonte angewiesen." (Schäfer 2003, S. 101) Ein Slogan, der für das Lesen wirbt, lautet: „Lesen ist Abenteuer im Kopf". Doch um diese Abenteuer erleben zu können, muss die Fähigkeit zum Symbolisieren entwickelt sein. Sie ist die Voraussetzung dafür, die gedruckten Worte im Kopf lebendig werden zu lassen.

Wie das Bilderbuch das symbolische Denken unterstützt

Das Bilderbuch mit seinen konkreten Abbildungen entspricht dem Entwicklungsstand des kindlichen Denkens und fördert die Fähigkeit des Symbolisierens und Fantasierens. Bilder betrachten, sie entschlüsseln und in ihrer Symbolhaftigkeit verstehen ist eine gewaltige gedankliche Leistung. Außerdem ist es eine Einübung in die Symbolfunktion der Sprache und ganz allgemein in eine umfassende Medienkompetenz. Denn alle Medien, ob Bild, gesprochenes Wort oder Schrift haben eines gemeinsam: Ein Lebewesen, ein Gegenstand oder ein Sachverhalt – egal ob mit konkretem oder abstraktem Inhalt – wird von einem Sender in Zeichen (Bild-, Laut- oder Schriftzeichen), in ein „Medium" umgeformt (transformiert) und in dieser transformierten Form einem Empfänger übermittelt, der diese Zeichen wieder dem gemeinten Inhalt zuordnen muss. Dass dies nicht ohne Bedeutungsverschiebungen geht, ist verständlich, denn selbst bei konkreten Dingen wie einem Baum unterscheiden sich die Vorstellungen vom „Baum" bei verschiedenen Personen.

Eine solche Entschlüsselung (Decodierung) findet z.B. auch beim Verschicken einer SMS statt: Sie wollen Ihrem Gesprächspartner mitteilen, dass Sie rundum glücklich sind? Dann setzen Sie unter Ihre Mitteilung einen Smiley, also ein Bildzeichen (Icon). In dieses bildhafte Zeichen packen Sie Ihre Informationen und der Empfänger „ent-packt" sie – und sieht vor seinem geistigen Auge nicht nur dieses Zeichen, sondern erinnert sich vermutlich auch an Ihr Gesicht, wie es aussieht, wenn Sie glücklich strahlen. Es spielt sich viel im Gehirn ab, um dies zu ermöglichen.

Bilderbücher sind eine „Schule des Sehens"

Bilderbücher sind für Kinder wie Erwachsene eine Schule des Sehens. „Sehen lernen" beginnt mit der Wahrnehmung der realen Umgebung. Das Betrachten von Bildern unterstützt diesen Prozess. So gesehen öffnen Bilderbücher nicht nur die Tür zur literarischen, sondern auch zur ästhetischen und medialen Sozialisation (vgl. Näger 2003, S. 6). Geschriebenes ist auf diesem Hintergrund eine doppelte Verschlüsselung der Wirklichkeit. Es ist leichter, einen Bildercode zu entschlüsseln, der die Wirklichkeit relativ realistisch abbildet, als einen Zeichencode, der die bildhafte Vorstellung in zunächst sinnfreie Laut- oder Schriftzeichen umsetzt (z.B. Buchstaben). Somit ist das Bilderlesen eine Vorbereitung für das Lesen abstrakter Zeichen, wie es die Buchstaben sind.

Wissen
Bilderbücher

b) Bilderbücher und Sprachentwicklung

Mit Kindern ein Bilderbuch betrachten ist intensive Sprachförderung. Da das gemeinsame Bilderbuchbetrachten mit viel Nähe und Zuwendung verbunden ist, löst dies beim Kind positive Gefühle aus. Diese Gefühle, die mit dem Erleben von Bild, Sprache und Schrift verbunden werden, sind eine wichtige Grundlage für eine spätere positive Einstellung zum Lesen und zur Sprache überhaupt. „Der Text eröffnet den Zugang zur literarischen Sprache, fremde, geheimnisvolle Wörter machen neugierig auf den Fortgang der Geschichte, Bilder regen zum Selbst-Erzählen an. Die Kinder [...] lernen mit der Zeit, wie eine Geschichte, ein Gedicht, ein Märchen aufgebaut sind und dass es dafür jeweils eine eigene Sprache gibt. Und nicht zuletzt macht es ihnen großen Spaß, mit Lieblingswörtern zu spielen, passende Reimwörter zu finden oder noch nie da gewesene Wörter zu erfinden." (Klein 2004, S. 38ff)

Die Kinder werden in allen Kompetenzen, die sie zur Sprachentwicklung brauchen, gefördert: Die **Prosodische Kompetenz** bezeichnet die Fähigkeit, Rhythmus, Sprachmelodie und Betonung zu deuten und anzuwenden. Bekommt ein Kind ein Bilderbuch oder eine Geschichte so vorgelesen, dass über Lautstärke, Betonung, Sprachmelodie und -rhythmus der Inhalt gestaltet und veranschaulicht wird, dann erlebt es diese prosodischen Elemente.

Aber auch die im engeren Sinne **linguistischen Kompetenzen** werden entwickelt (vgl. Kain 2006, S. 16f):
- die **phonetisch-phonologische** (Sprachlaute),
- ganz besonders die **semantisch-lexikalische** (Wortschatz, Bedeutung der Wörter),
- die **morphologische** (Veränderung von Wörtern, z.B. Singular/Plural, Kasus, konjugierte Verbformen),
- die **syntaktische** (Satzbau) und
- die **pragmatische** (die Anwendung von Sprache in einer bestimmten Situation).

Es ist immer wieder erstaunlich zu hören, welche Wörter und Satzkonstruktionen Kinder verwenden, wenn sie in Rollenspielen ein Bilderbuch oder ein Märchen nachspielen. Auch ihre erzählerischen (narrativen) Fähigkeiten werden gefördert. So hört man Kinder, die plötzlich Imperfektformen statt der sonst üblichen Perfektformen verwenden.

c) Bilderbücher als kindgerechtes Lernmedium

Bilder sehen Kinder auch im Fernsehen – hier allerdings in bewegter Form – was oft viel spannender sein kann. Sollte man die Kinder da nicht lieber gleich vor den Fernseher setzen? Kinder brauchen Zeit und Wiederholungen, um sich etwas anzueignen. Dazu sind die flüchtigen Fernsehbilder weniger geeignet. Die Bilder im Bilderbuch geben dem Kind die Möglichkeit, seine Aufmerksamkeit voll und ganz und solange es dies wünscht auf eine Sache zu lenken. Hierdurch kann das Kind visuelle Reize konzentriert wahrnehmen, gedanklich oder im Gespräch mit anderen reflektieren, verarbeiten und abspeichern. Somit ist ein Bilderbuch ein optimales Lernmedium für Vorschulkinder, da es nicht nur die sprachliche, sondern auch die kognitive Entwicklung auf spielerische Weise fördert.

Das Betrachten eines Bilderbuchs, das Verweilen und darüber Reden schafft eine einmalige Atmosphäre des Vertrauens und der Zuwendung zwischen Erwachsenem und Kind. Jens Thiele, Experte für Bilderbücher, betont, welch wichtigen Beitrag diese Bücher für die Entwicklung der Wahrnehmungsfähigkeit des Kindes haben. Beim Betrachten eines Bilderbuchs ist es das Kind, das vorgibt, wann umgeblättert wird, wo es noch mal

Wissen

Bilderbücher

hinschauen oder nachfragen will. Es kann das Buch anfassen, das Papier fühlen, also auch haptische Erfahrungen machen. Die Bilder erzählen eine Geschichte, um die herum das Kind fantasieren kann, die in ihm Neugier und Interesse weckt. Beim Betrachten eines Bilderbuchs kann es umfassende ästhetische Erfahrungen machen und bestimmt Reihenfolge und Tempo selbst (vgl. Thiele/Steitz-Kallenbach 2003, S. 90).

d) Bildungs- und Lernchancen bei Bilderbuchbetrachtungen

Das Lernen der Kinder geht beim gemeinsamen Ansehen der Bücher indirekt vor sich: Es gibt kein Abfragen und keinen Leistungsdruck. Wenn auch die Freude im Umgang mit Bilderbüchern und das spielerische Lernen im Vordergrund stehen, so ist es gleichzeitig wichtig, als Erzieherin die Bildungschancen im Hinterkopf zu haben und konkrete Ziele zu verfolgen. Die folgende Übersicht veranschaulicht in Anlehnung an den baden-württembergischen Orientierungsplan die Bildungs- und Entwicklungsfelder, in denen die Kinder bei der Beschäftigung mit Bilderbüchern gefördert werden können.

Didaktische Analyse der Bildungs- und Lernchancen einer Bilderbuchbetrachtung

Der Orientierungsplan für Bildung und Erziehung für die baden-württembergischen Kindergärten (vgl. Orientierungsplan 2006) teilt die kindlichen **Bildungs- und Entwicklungsfelder** in sechs Bereiche auf:

Denken, Sprache, Körper, Sinne, Gefühl/Mitgefühl und Sinn/Werte/Religion. Wie diese durch eine Bilderbuchbetrachtung unterstützt werden können, wird im Folgenden am Beispiel der Geschichte „Freunde" verdeutlicht.

Sprache

- Durch eine lustige und spannende Handlung wie in „Freunde" wird das Kind zum Sprechen motiviert (Bildbeschreibung, Fragen stellen, Lösungen finden, …). Es erfährt Freude an der (literarischen) Sprache, wodurch sein Interesse an anderen Bilderbüchern oder verschiedensten Aktivitäten zum Thema (z.B. Gespräche, Rollenspiele, Klanggeschichten, Kreativangebote) geweckt wird. Hierdurch kann die kindliche Sprachentwicklung ganzheitlich unterstützt werden.
- Das Kind lernt neue Begriffe kennen. Durch das Nachsprechen kann es sich in der Artikulation der einzelnen Laute und des Wortes üben (phonologische Bewusstheit). Darüber hinaus erweitert das Kind durch das Kennenlernen und Nachsprechen neuer Wörter seinen Wortschatz (Semantik); bei „Freunde" insbesondere in den Bereichen Tiere und Bauernhof, Freundschaft und Freizeitbeschäftigung.
- Es lernt beim Zuhören ganz nebenbei die Grammatikregeln und übt sich beim gemeinsamen Gespräch selbst aktiv in der Formen- und Satzbildung (Morphologie und Syntax).
- Das Kind wird in der Fähigkeit unterstützt, die einzelnen Inhalte und die Erzählung zu verstehen. Neben dem Sprachverständnis werden durch die gemeinsame Bilderbuchbetrachtung auch seine kommunikativen Fähigkeiten gefördert, indem es z.B. angeregt wird, selbst Fragen zu stellen, sich aktiv am Gespräch zu beteiligen.

Denken

- Beim Betrachten eines Bildes (z.B. der drei Freunde auf dem Fahrrad) muss das Kind dieses als Abbild von Wirklichkeit erkennen, was einige Anforderungen an das Abstraktionsvermögen stellt und die Fähigkeit zum Symbolisieren fördert.
- Bei der Bildbetrachtung bzw. beim Hören der Geschichte entwickelt das Kind seine eigenen Vorstellungen, seine Fantasie wird angeregt.
- Das Kind verfolgt die Geschichte aufmerksam, schaut sich die Bilder genau an, was seine Konzentrationsfähigkeit fördert.
- Das Kind bringt Einzelheiten in einen Zusammenhang, erkennt, dass die Dinge, die Handlungsabläufe in einer bestimmten Beziehung stehen, was das logische Denken, das Verständnis von Zusammenhängen fördert. Das Kind sieht bspw. das Bild des Schweins Waldemar und stellt den Transfer her zu den Schweinen, die es aus der Wirklichkeit kennt. Es muss die Zusammenhänge zwischen den Bildern herstellen, um den Sinn zu verstehen, lernt voraus zu denken, z.B.: Wie lösen die drei Freunde das Problem mit dem Loch im Boot?
- Das Kind erfährt in Bilderbüchern etwas über seine Umwelt und Mitmenschen, d. h. sein Wissen wird erweitert.
- Es erhält Impulse zum Nachdenken, z.B. wenn die drei Freunde gemeinsam Fahrrad fahren, Kirschen pflücken, Boot fahren und eine Lösung für das Übernachtungsproblem suchen – und finden.
- Durch das Erkennen von Farben und Formen wird die visuelle Wahrnehmungsfähigkeit gefördert.

Sinne

- Beim Betrachten des Bilderbuchs wird die differenzierte visuelle Wahrnehmung durch das genaue Ansehen der Bilder und Bilddetails unterstützt. Das Kind kann in seiner Vorstellung z.B. die Kirschen schmecken, welche die Freunde essen. Es kann den Geruch im Schweinestall riechen und die Räder des Fahrrads quietschen hören.
- Das Erkennen von Farben und Formen unterstützt die Entwicklung eines Sinnes für Ästhetik, für die Aussagekraft von Farben und Formen.

- Wenn dem Kind die Geschichte vorgelesen wird oder die Erzieherin die Handlung mit den Kindern im Gespräch erarbeitet, wird auch der akustische Sinn angesprochen und das genaue Zuhören gefördert.
- Es gibt spezielle Bilderbücher, die durch verschiedene Fühlmaterialien die Geschichte auch taktil erfahrbar machen.
- Nach dem Ansehen des Bilderbuchs kann man die sinnliche Wahrnehmung der Kinder auch speziell unterstützen, indem weitere Angebote mit den Kindern durchgeführt werden: z. B. Riechsäckchen, ein Fühlkorb mit Gegenständen, eine Schmeckrunde zum Thema.
- Darüber hinaus werden in Bilderbuchgeschichten auch indirekte Sinneserfahrungen durch Assoziation ermöglicht. Sieht ein Kind z.B. in „Freunde" ein Bild mit roten, saftigen Kirschen, so kann es sich durch dieses Bild (und evtl. die Anregung der Erzieherin im Gespräch) an das mit Kirschen verbundene Geschmackserlebnis erinnern.

Sinn/Werte/Religion
- In vielen Bilderbüchern werden auch Werte und Sinnfragen behandelt. Das Kind erhält durch Bilder und Bilderbuchgeschichten Impulse zum Nachdenken, Reflektieren und gemeinsamen Erfahrungs- und Meinungsaustausch.
- In „Freunde" erfahren die Kinder, wie Freundschaft das Leben bereichert. Sie erleben die drei Freunde als Individuen mit unverwechselbaren physischen und charakterlichen Eigenarten. Und sie erfahren, dass sie sich dennoch (oder gerade deswegen) schätzen, dass sie sich in ihrer Verschiedenheit ergänzen und gemeinsam mehr erreichen, als sie es alleine könnten. Dies wird in den Bildern der gemeinsamen Fahrrad- und Bootsfahrt ebenso wie beim Kirschenpflücken ausdrucksstark vermittelt.
- Auch Kinder stellen bereits philosophische Fragen. Bilder und Geschichten regen sie je nach Thema hierzu besonders an. In „Freunde" geht es z.B. um Fragen der Gerechtigkeit, wenn Waldemar mehr Kirschen beansprucht, weil er viel größer und dicker ist. Hier wird das Nachdenken über Normen und Wer-

te besonders angeregt. Auf diese Fragen kann in einem Dialog oder in einer Gesprächsrunde eingegangen werden.
- Der Mut, Neues auszuprobieren, nicht gleich aufzugeben und kreative Lösungen zu finden, wird ebenfalls angeregt. So probieren die Freunde drei Möglichkeiten für einen gemeinsamen Übernachtungsplatz aus, bis sie dann schließlich zwar getrennt schlafen, aber im Traum vereint sind. Die wichtige Erkenntnis, dass man in Gedanken vereint sein kann, vermittelt das Buch auf konkrete und anschauliche Weise.
- Die Erzieherin kann die Kinder dazu anregen, selbst Fragen zu stellen, über die Aussage des Bilderbuchs ins Gespräch zu kommen und diese evtl. auf den (Kindergarten-)Alltag und auf ihr Leben zu übertragen.
- In vielen Bilderbuchgeschichten geht es um sozial-emotionale Themen: Fragen des sozialen Zusammenlebens, Werte und Normen im Umgang mit anderen, mit Außenseitern, mit der Umwelt. Für all diese Themen können Kinder durch die Geschichte und den sprachlichen Austausch sensibilisiert werden.

Gefühl/Mitgefühl
- Das Kind versetzt sich beim Anschauen oder -hören der Geschichte in die Bilderbuchfiguren hinein. Die Kinder erleben Gefühle der Freude, wenn sie mit den drei Freunden Abenteuer erleben, Spannung, als sie kentern, und Trauer, wenn sie sich am Abend trennen sollen. Durch diese Identifikation mit den Akteuren wird ihre Fähigkeit zur Empathie unterstützt.
- Das Erkennen von Gefühlen der Bilderbuchfiguren kann in Beziehung gebracht werden zu eigenen Gefühlen. Es kann dazu anregen, über eigene Gefühle und Situationen zu sprechen. Da das Aussprechen eigener Probleme oft der erste Schritt zu deren Verarbeitung ist, hat das Bilderbuch auch eine Funktion bei der Ichfindung und der Psychohygiene.
- Das Betrachten eines Bilderbuchs – besonders mit Freunden oder einer erwachsenen Bezugsperson – ist schon an sich ein emotional positives Erlebnis. Das Kind erlebt Zuwendung, Aufmerksamkeit, körperliche Nähe, Vertrautheit, das persönliche Gespräch und gemeinsame Freude an der Geschichte.

- Beim gemeinsamen Betrachten des Bilderbuchs werden die Kinder auch in ihrem sozialen Verhalten unterstützt: z.B. sich nicht vordrängen, nicht ständig dazwischen rufen, darauf achten, dass auch andere etwas sehen. In vielen Bilderbuchgeschichten geht es um sozial-emotionale Themen (siehe Sinn/Werte/Religion, S. 58–59), die man im Gespräch mit den Kindern reflektieren kann.

Körper

- In einigen Bilderbuchgeschichten werden auch die Themen Körper, Bewegung und Gesundheit behandelt. Die Inhalte können im Gespräch reflektiert und auf eigene Erfahrungen bezogen werden.
- In „Freunde" wird das Thema Körper am Beispiel des dicken Waldemars aufgegriffen. Sein Dicksein rettet die Freunde bei der Bootsfahrt vor dem Untergehen, da er als „Stöpsel" das Loch im Boden „stopfen" kann. Dass er von seinen Freunden angenommen und geliebt wird, wie er ist und seine Beleibtheit auch Vorteile hat, wird den Kindern so auf lustige Weise vermittelt. Und das bekannte Bilderbuch „Die Raupe Nimmersatt" greift z.B. das Thema Ernährung und Entwicklung in lustiger und kindgerechter Weise auf.
- Dass ihre Abenteuer in Bewegung stattfinden (z.B. Fahrradfahren, Bootfahren, sich gegenseitig besuchen) und sie dabei zusammen jede Menge Spaß haben, kann man auch mit den Kindern zum Thema machen.
- Manche Bilderbücher regen zu Bewegungsspielen an.
- Bilder können für Körpersprache, Mimik und Gestik sensibilisieren. Sie regen an, diese Signale wahrzunehmen und zu deuten.

Wie man das passende Bilderbuch findet: Auswahlkriterien

Praxis
Bilderbücher

Im Allgemeinen sind es Erwachsene, die die Bilderbücher für die Kinder ausleihen oder kaufen. Gut ist es jedoch, wenn die Kinder ihre Bücher schon früh selbst auswählen können. Dies tun die Kinder meist auch sehr gerne: In der Stadtbücherei sieht man immer wieder Eltern, die einen Stoß Bilderbücher zurückbringen. Während sie damit beschäftigt sind, läuft das Kind zielstrebig in die Bilderbuchabteilung, greift sich dieses oder jenes Buch heraus, verschmäht nach kurzem Blättern das eine, bleibt am anderen hängen und legt es in den Bücherkorb. In vielen Kindergärten haben die Kinder ein vielfältiges Angebot an Bilderbüchern. Hierdurch wird ihnen die Möglichkeit gegeben, mit Büchern umzugehen.

Doch was gilt es zu beachten bei der Auswahl von Bilderbüchern? Wie ist die Spreu vom Weizen zu trennen? Bei Bilderbüchern liegt die Betonung auf dem Wort *Bilder*. Bilder vermitteln ästhetische Erfahrungen. Deshalb sollte man bei der Auswahl eines Bilderbuchs außer inhaltlichen auch ästhetische Kriterien berücksichtigen. Viele Bilderbuchillustratoren sind Künstler, die dem Betrachter einen neuen Blick auf die Welt eröffnen. Kinder sind dafür sehr empfänglich. Das merkt man z.B. bei einer Kinderführung durch ein Museum. Bilder moderner Künstler regen Kinder oft zu Assoziationen, Fantasien, Wahrnehmungen an, während nicht sehgeschulte Erwachsene, deren ästhetische Aufnahmefähigkeit oft sehr eingegrenzt und festgefahren ist, dafür nur abfällige Worte übrig haben.

Der Bilderbuchkünstler Nikolaus Heidelbach, der selbst eher abseits des „Mainstreams" arbeitet, sagt: „Das möchte ich erst einmal sehen, das Bild, vor dem ein Kind kapituliert." Kinder sollten eine breite Palette künstlerischer Ausdrucksformen in Bilderbüchern erleben können. Durch vielfältige ästhetische Bilderfahrungen haben sie die Möglichkeit, ihren eigenen Geschmack zu bilden.

Das Buch „Die ganze Welt" von Katy Couprie und Antonin Louchard (vgl. Couprie/Louchard 2001) beschäftigt sich wie ein Elementarbilderbuch ausschließlich mit Dingen aus der kindlichen Umwelt. Das Besondere dieses Buches liegt jedoch darin, dass die abgebildeten Dinge in vielerlei Techniken und Perspektiven dargestellt sind. So erleben Kinder, wie Wirklichkeit je nach Darstellung verschieden wahrgenommen wird. Somit wird ihre differenzierte Wahrnehmung unterstützt und sie werden darauf vorbereitet, mit Kunst umzugehen. Natürlich sind auch inhaltliche Kriterien wichtig. Den folgenden Fragenkatalog können Sie zur Auswahl von Bilderbüchern verwenden.

Fragenkatalog zur Auswahl von Bilderbüchern

I. **Fragen zum Inhalt**
   1. Was ist der Inhalt des Bilderbuchs?
   2. Wer ist/sind die Hauptfigur/en?
   3. Welche Interessen bzw. Probleme haben sie? Wie ist ihr Verhältnis zu sich und zu ihrer Umwelt?
   4. Machen sie und ihre Partner eine Entwicklung durch? Wenn ja, welche und wodurch?
   5. Welche kindlichen Interessen und Themen werden in dem Buch angesprochen?

6. Wo kann sich das Kind in der Handlung wiederfinden? Wird seine Lebenswelt behandelt oder berührt?

II. **Fragen zu den Intentionen des Bilderbuchs**
   1. Wozu kann das Buch Anstoß und Hilfe sein?
   2. Welche ganzheitlichen Lernerfahrungen kann das Kind durch das Buch machen (z.B. im kognitiven, emotionalen und sozialen Bereich)?
   3. Warum und in welchem Zusammenhang kann das Buch eingeführt werden?

III. **Fragen zu den Bildern**
   1. Kann die Geschichte aus den Bildern „herausgelesen" werden?
   2. Was drücken die Bilder aus?
   3. Welche Maltechniken erkennen Sie und welche Wirkung haben diese?
   4. Was fällt bei der Farbgestaltung auf?
   5. Regen die Bilder die Fantasie an?

IV. **Fragen zur Sprache**
   1. Ist der Text für die entsprechende Altersgruppe angemessen?
   2. Dient der Text der Erweiterung der Sprache?
   3. Ist Sprachwitz vorhanden?
   4. Regt der Text die Fantasie an?

V. **Frage nach dem Alter der Zielgruppe**
   1. Für welche Altersgruppe ist das Buch geeignet?
   2. Wie begründe ich meine Einschätzung?

VI. **Anregungen – Wozu kann das Buch anregen?**
   (Bitte selbst ausfüllen. Beispiele: Gesprächskreise, spielerische und künstlerische Umsetzungen, Aktionen und Projekte)
   1.
   2.
   3.

Wie das Buch zum Kind kommt: So gelingt eine Bilderbuchbetrachtung

Wenn Kinder allein ein Bilderbuch anschauen, legen sie es oft schnell wieder zur Seite. Oftmals ist nicht Desinteresse am Buch die Ursache. Kinder müssen erst lernen, genau hinzusehen, sich Gedanken zu machen, Zusammenhänge herzustellen, zu assoziieren, sich zu konzentrieren. Wenn ein interessierter Erwachsener das Buch mit ihnen anschaut, kann er diese Kompetenzen des Kindes unterstützen. Durch ausdrucksvollen Einsatz von Mimik und Sprache werden die Inhalte für das Kind lebendig und zu einem Erlebnis. Es erfährt, wie viel in Bildern und Büchern stecken kann.

Durch Fragen und Impulse zu den Bildern kann die Handlung des Buchs gemeinsam erarbeitet werden. So wird das Kind animiert, eigene Gedanken zum weiteren Verlauf der Handlung zu entwickeln. Hierdurch wird das Kind zum differenzierten Wahrnehmen, zum Einsatz seiner Vorstellungskraft, zum kreativen Denken und zum Sprechen angeregt.

Von großer Bedeutung bei Bilderbuchbetrachtungen ist auch das emotionale Erleben und das Zwischenmenschliche. Das Kind erfährt Zuwendung, was seinem Bedürfnis nach Aufmerksamkeit, emotionaler und körperlicher Nähe und dem sprachlichen Austausch entgegenkommt. Es ist ein Bedürfnis des Menschen, das, was er sieht, was ihn beschäftigt, jemandem mitzuteilen. Dazu braucht es Bezugspersonen, die einfühlsam mit dem Kind in die Welt des Bilderbuchs eintauchen. Dabei kann der Erwachsene indirekt auch viel über Interessen und Befindlichkeiten des Kindes erfahren!

Einem Kind ein Bilderbuch zu vermitteln, ist auf vielfältige Weise möglich. Bei Kleinstkindern ist es am besten, die einzelnen Abbildungen mit dem Kind zu betrachten, sie zu benennen und in Bezug zu den Erfahrungen des Kindes zu bringen. Bei wenig Text kann man dem Kleinstkind beim Anschauen der Bilder den Text vorlesen. Auch in dieser Situation ist das Kind nur scheinbar passiv. Es ist aktiv, wenn es die Bilder entschlüsselt, wenn es den Text versteht und wenn es beides, Bild und Text, in Beziehung bringt. Man sollte mit dem Kind verweilen, ihm erklären, was es erklärt haben möchte, ihm auf Fragen antworten, auch selbst Fragen stellen und immer bereit für Wiederholungen sein. Das mehrmalige Betrachten und Vorlesen eines Bilderbuchs vertieft dabei ganz nebenbei den Lerneffekt.

Eine besonders sprachfördernde Methode ist die dialogische Bilderbuchbetrachtung: Hier erschließt die Erzieherin im Gespräch mit den Kindern ein Bilderbuch. Das Ziel dieser Betrachtung ist, dass das Kind aktiviert und schließlich selbst zum Erzähler der Geschichte wird. Michaela Ulich hat in ihrem viel beachteten Aufsatz zur „Literacy" verschiedene Stufen der Bilderbuchbetrachtung herausgearbeitet (vgl. Ulich 2003). Dabei ist es ihr wichtig, dass sich diese im Dialog abspielt. Wie dieser aussieht, hängt vom Entwicklungsstand des Kindes ab.

Praxis
Bilderbücher

Stufen der Bilderbuchbetrachtung nach Ulich

- „Einfaches Benennen der Dinge, die zu sehen sind (bereitet jüngeren Kindern oft viel Freude)
- Definieren, umschreiben und erweitern („Was ist ein Hammer? Wozu braucht man ihn?")
- Beziehungen und Abfolgen herstellen zwischen Bildern oder einzelnen Episoden („Der Junge geht jetzt zum Fenster und sieht, wie Markus zur Post rennt. Denn Markus sucht seine Freunde Peter und Lisa.")
- Bedeutung entstehen lassen und gemeinsam konstruieren, Deutungsprozesse bewusst machen, „weiterspinnen" und fantasieren („Wie schaut der Junge? [...] Ich glaube eher, dass er traurig ist, aber warum, weiß ich auch nicht. Was meinst du?")
- Bezüge herstellen zum Leben des Kindes und zur Welt außerhalb des Buches („Ist dir das auch schon mal passiert? Gestern, als wir aus dem Fenster geschaut haben, da ...")
- Vorausdeuten („Was könnte als Nächstes passieren? Ob er seinen Freund findet? Vielleicht verläuft er sich dabei. Wie geht die Geschichte wohl zu Ende?")

All die genannten Möglichkeiten können sich bei einem einzigen Bilderbuch ergeben. Wichtig ist die Aktivierung des Kindes, und zwar in einer Weise, dass das Kind allmählich selbst zum Erzähler der Geschichte wird und seine Freiheit entdeckt, z.B. eigene Erfahrungen beizusteuern oder frei zu assoziieren. Das einfache Benennen („Das ist ein Hund") gehört zwar durchaus dazu, bildet aber lediglich eine „erste" Stufe. Nach und nach sollte das Kind mit Hilfe der Bezugsperson in den Geschichtenmodus übergehen: „Der Hund sucht jetzt sein Herrchen. Und dann ...". Zu viele „Was-ist-das?"-Fragen von Seiten der Bezugsperson und das Kleben an der „richtigen" Geschichte können diese Aktivierung und Erzählfreude bei Kindern hemmen." (Ulich 2003, S. 10)

> **Fragen vor einer Bilderbuchbetrachtung**
>
> - Wie setze ich die erzieherischen Grundhaltungen wie Wertschätzung, Empathie und Echtheit um?
> - Welche Ziele habe ich in dem Angebot (z.B. Förderung der Sprache, der sozial-emotionalen Kompetenzen)?
> - Wie ist mein Sprachverhalten?
> - Wie ist meine Fragestellung?
> - Wie motiviere ich die Kinder zu Beginn und während der Betrachtung?
> - Wie reagiere ich auf Fragen, Wünsche und Bedürfnisse der Kinder?
> - Welche Themen beschäftigen die Kinder? Welche Interessen haben sie?
> - Können sie die Geschichte aus den Bildern erschließen?
> - Sind die Bildübergänge für die Kinder verständlich oder ist Hilfestellung nötig?
> - Gibt es einen ruhigen Ort, wo die Bilderbuchbetrachtung stattfinden kann?

Motivation

Die Motivation soll die Kinder vor dem gezielten Angebot zum Thema des Buchs hinführen. Im Sinne der Anschaulichkeit ist es vorteilhaft, wenn das Kind etwas in die Hand nehmen, etwas tun kann.

Beispiel: Sie wollen mit den Kindern das Buch „Freunde" anschauen. Dazu bringen Sie Waldemar, das Schwein, oder eines der anderen Tiere oder alle drei als Plüschtiere mit. So können die Kinder bereits die im Buch vorkommenden Figuren kennenlernen. Waldemar stellt sich jedem Kind vor und fragt nach seinem Namen. Es entstehen kurze Gespräche mit ihm bzw. mit den anderen Figuren. So wird eine emotionale Beziehung zur Figur hergestellt und das Interesse an der Geschichte geweckt.

Praxis
Bilderbücher

Allgemeine methodische Prinzipien für die Bilderbuchbetrachtung

- Vor dem gemeinsamen Betrachten des Buches können Sie überlegen, ob Sie einzelne Bilder abdecken oder auslassen möchten.
- Sie sollten darauf achten, dass alle Kinder das jeweilige Bild gut sehen können.
- Die Kinder sollten Zeit bekommen, ihre Eindrücke zu äußern, ohne dass Sie gleich Fragen stellen.
- Sie sollten freundlich, aber bestimmt dafür sorgen, dass sich die Kinder gegenseitig zuhören und einander ausreden lassen.
- Beziehen Sie zurückhaltende Kinder ins Gespräch mit ein.
- Lassen Sie verschiedenste Vermutungen zu, ohne diese zu werten.

WIE DAS BUCH ZUM KIND KOMMT

- Setzen Sie Stimme, Mimik und Gestik ein, um Impulse zu geben.
- Es ist wichtig, Fragen so zu stellen, dass die Kinder konkret in ganzen Sätzen antworten können. Ja-/Nein- und Suggestivfragen sollten besser vermieden werden. Die Fragen sollen den Kindern ermöglichen, selbst Schlüsse zu ziehen, weiterzudenken und zu assoziieren.
- Wo Erklärungen zu Bildübergängen für das Verständnis der Kinder nötig sind, geben Sie Hilfestellung.
- Vom Buchthema abweichende Äußerungen der Kinder können Sie kurz aufgreifen, besonders wenn das Ziel des Angebots die Sprachförderung ist. Es sollte aber wieder zum Thema zurückgeführt werden, z.B. durch geschickte Umlenkung der Fragen.
- Achten Sie auf möglichst korrekte Sprache. Fehlerhafte Äußerungen der Kinder korrigieren Sie am besten indirekt, indem das, was das Kind gesagt hat, in richtiger Form aufgenommen wird.

Beispiele für Fragen und Impulse

- Was siehst du auf dem Bild?
- Was ist wohl zuvor passiert/Wie könnte es weitergehen?
- Schau mal das Gesicht von X an!
- Was sagt wohl X zu Y (oder hat X zu Y gesagt)?
- Was könnte X tun, was würdest du tun?
- Warum tut X das?
- Wie sieht X aus?
- Was meinst du, was denkt X, wie fühlt er sich, was plant er …?
- Wie fühlst du dich, wenn …?
- Was tust du, wenn du dich freust, streitest, traurig bist usw.?
- Was für einen Namen würdest du der Person, dem Bild usw. geben?
- Warum ist denn der Himmel jetzt so dunkel?
- Schau mal da unten/da oben in der Ecke, da sehe ich noch was!
- Was könnte denn das bedeuten?

> - Willst du das/Wollt ihr das vielleicht mal kurz vorspielen?
> - Durch eigene Ausrufe oder Bemerkungen Äußerungen provozieren: z.B.: „Oh, hier ist es aber dunkel!", „Ich habe was Besonderes entdeckt", „Und jetzt?" oder „Jetzt sagen wir ihm/ihr (der Bilderbuchfigur), was sie tun könnte" usw.

Wann immer es möglich ist, sind Impulse direkten Fragen vorzuziehen. Statt zu fragen: „Was siehst du noch auf dem Bild?", ist es besser zu sagen: „Oh, ich sehe da noch ganz viel! Schau mal!" oder „Komm, wir schauen, ob wir noch was entdecken!" Es ist gut, wenn die Erzieherin Emotionen zeigt. Sie kann zeigen, dass sie das Bilderbuch spannend findet, dass sie daran interessiert ist, was das Kind entdeckt und zu den Bildern zu sagen hat.

Abschluss

Mit den Kindern können zum Abschluss die Inhalte des Buchs reflektiert werden. Sie können gefragt werden, woran sie sich erinnern, was ihnen gefallen hat, was sie nicht gut fanden, was sie dazu fragen oder erzählen wollen. Manchmal wollen Kinder etwas zum Buch malen oder gestalten. Oft gibt das Buch auch Anregungen, die in den Alltag integriert werden können: etwas pflanzen, etwas bauen, etwas unternehmen, etwas im Rollenspiel nachspielen, sich weiter mit einem Thema aus dem Buch beschäftigen, z.B. zum Thema Streit. Hier könnte man Wörter sammeln, die wehtun, die gut tun, die entzweien, die versöhnen, etc. und sie spielerisch ausprobieren.

Geschichten

Was in einer Geschichte wie „Anna und die Wut" steckt

In der Geschichte „Anna und die Wut" von Christine Nöstlinger geht es um ein sieben- oder achtjähriges Mädchen, das schreckliche Wutausbrüche hat. Die Eltern haben Verständnis und raten ihr, die Wut „herunterzuschlucken" – was nur dazu führt, dass Anna einen Wasserbauch und einen Schluckauf bekommt, der sie noch wütender macht. Auch die andere Lösung, allem aus dem Weg zu gehen, was einen Wutanfall auslösen könnte, ist kein Weg. Denn Anna sitzt nur noch regungslos auf ihrem Stuhl, da alles, was sie tut, sie ja wieder wütend machen könnte.

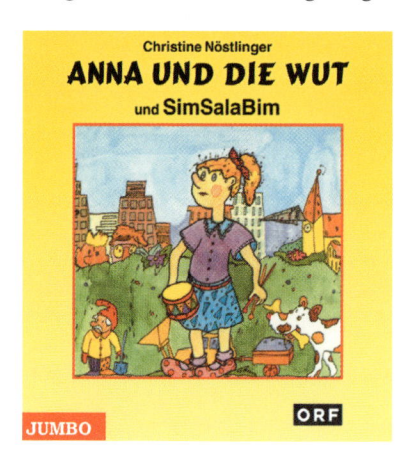

Erst der Großvater hat die rettende Idee. Er schenkt Anna eine Trommel, auf der sie ihre Wut abreagieren kann. Schließlich wird sie eine von allen bewunderte Meisterin im Trommeln – und hat bald keinen Grund mehr für Wutanfälle (vgl. Nöstlinger 1996, S. 102–107).

In welchen Bildungs- und Entwicklungsbereichen werden Kinder durch die Geschichte „Anna und die Wut" gefördert?

Beispiel Geschichten

Gefühl/Mitgefühl

Kinder können sich durch diese Geschichte mit dem Thema Gefühle allgemein und hier speziell Wut auseinandersetzen. In Anna können sich viele Kinder wiederfinden und einfühlen. Und selbst Kinder, die nicht unter Wutanfällen leiden, können sich in sie hineinversetzen und lernen, was mit jemandem passiert, der einen Wutanfall hat. Sie erleben, dass Wut etwas ist, was einen überkommt, was einen anders werden und Dinge tun lässt, mit denen man sich und anderen schadet. Sie erfahren mit Anna die Folgen der Lösungsvorschläge der Eltern, die im Grunde auf Vermeidung und Verdrängung beruhen und Anna nicht weiterbringen. Und sie erfahren, dass es Möglichkeiten gibt, die zerstörerische Energie der Wut in eine positive umzulenken, in diesem Fall ins Trommeln.

Die Kinder lernen also durch diese Geschichte, Gefühle und Verhaltensweisen wahrzunehmen und zu verstehen – sei es bei sich oder bei anderen. Hierdurch werden ihre sozial-emotionalen Kompetenzen positiv unterstützt.

Sprache und Sinne

Durch ihre anschauliche, stets konkrete Sprache schafft es Christine Nöstlinger, einen Film im Kopf der Zuhörer ablaufen zu lassen. Wenn Annas sonst so seidige Haare plötzlich zu knisternden Stacheln werden, sieht, hört und spürt der Zuhörer dies.

Die poetische Sprache unterstützt und stärkt ihre Vorstellungskraft und der Bereich Sinne und Wahrnehmung wird indirekt miteinbezogen. Zugleich ist viel Witz in der Sprache, z.B. wenn beschrieben wird, wie Anna die Wut im wahrsten Sinne des Wortes mit Hilfe von Wasser „runterschlucken" will. Das gefällt Kindern und so werden sie spielerisch an Literatur herangeführt und in ihren sprachlichen Fähigkeiten (z.B. Wortschatzerweiterung, Grammatik) unterstützt.

Denken

Die Kinder erfahren in der Geschichte, dass man für Probleme unterschiedlichster Art eine Lösung finden kann. Ihre Fähigkeit zum kreativen Denken und Entwickeln von Lösungsstrategien wird unterstützt. Das Begreifen der Inhalte und die Verbindung der einzelnen Szenen zu einem Handlungsablauf fördert ihre kognitiven Fähigkeiten.

Sinn/Werte/Religion

Diese Geschichte trägt durch die Behandlung des Themas Gefühle gleichzeitig sehr viel zur Persönlichkeitsentwicklung und der Entwicklung von Werten und Normen bei. Der Umgang mit Emotionen sowie die Angemessenheit des Auslebens dieser Emotionen im Zusammenleben mit anderen Menschen wird auf kindgerechte und lustige Weise vermittelt. Auch wenn Anna schon in die Schule geht, ist die Geschichte bereits für Kinder im Vorschulalter geeignet.

Körper

Auch der Bereich Körper wird in der Geschichte behandelt. Die Kinder erfahren durch Annas Geschichte, dass sie ihre Gefühle in der Bewegung, dem Trommeln herauslassen können und sich danach wieder besser fühlen.

Was sind eigentlich Geschichten?

Das Wort Geschichte ist doppeldeutig: Es meint eine Erzählung, es bezeichnet aber auch das, was vergangen ist und zu Geschichte wurde. Und was ist diese Geschichte? Das, worüber man Geschichten erzählen kann: Geschichten von der großen und kleinen Welt, von dem, was Menschen taten, was sie bewegte, wonach sie sich sehnten, wovor sie sich ängstigten. Selbst unsere private Familiengeschichte bleibt in Geschichten lebendig. Die Geschichten sind der Faden, der uns mit der Vergangenheit verbindet. „Mama, erzähl mir doch, was ihr gespielt habt, als du noch ein kleines Mädchen warst. Erzähl mir, wie du den Papa gefunden hast. Erzähl mir, wie es war, als ich noch in deinem Bauch war!", bittet das Kind die Mutter, und diese erzählt Geschichten, in denen Geschichte für das Kind lebendig wird.

Geschichten können spannend, lustig, traurig, sanft, wild, abenteuerlich, nachdenklich sein. In Geschichten können wir Menschen kennenlernen – einschließlich unserer eigenen Person. Und wir können Vorlieben und Abneigungen entdecken. „Sie lehren uns zwischen schön und hässlich, gut und böse unterscheiden zu können. [...] In Geschichten kann menschliches Handeln und seine Folgen wie im Spiegel betrachtet werden", schreibt Ulrich Greiner in der „Zeit" im Rahmen eines Dossiers zum Thema Bildung (Greiner 2006, S. 16). Geschichten reflektieren das, wovon sie erzählen. Und sie lehren uns das Reflektieren und uns in der Selbstreflexion zu erkennen. Geschichten sind ein ungefährliches Experimentierfeld, auf welchem wir Gesetze, auch Naturgesetze, aushebeln können. Diese Grenzen überschreitende Fantasie ist lebens- und überlebensnotwendig.

Wissen

Geschichten

Mit Geschichten tauchen wir ein in vertraute und fremde, nahe und ferne Welten. Geschichten sind natürlich nicht nur die von Schriftstellern erfundenen und in Büchern verewigten Erzählungen. Kinder lieben auch die freien Geschichten, die Eltern oder Erzieherinnen für das Kind oder vielleicht sogar mit ihm erfinden. Denn in diesen Geschichten wird das Kind selbst, werden seine Familie, seine Freunde zu Akteuren und was sich in diesen abspielt, hat direkt mit ihm zu tun. Die literarische und die freie Geschichte sollen nicht gegeneinander ausgespielt werden. Beide haben ihren Wert.

Was Geschichten zur Entwicklung und Bildung beitragen

a) Geschichten fördern Fantasie und Imagination

Auch im Bilderbuch werden Geschichten erzählt, begegnet dem Kind die Welt. Aber das Kind kann sich den Inhalt immer noch über die Bilder erschließen. In der Geschichte sieht es keine Bilder – zumindest keine sichtbaren auf Papier. Ganz im Gegenteil, unendlich viele davon entstehen im Kopf der Zuhörer oder Leser.

Kinder, die einer Geschichte folgen können, haben gelernt zu symbolisieren. Sie hören Sätze und diese erzeugen Vorstellungen. Allein durch Wörter werden Empfindungen in ihnen geweckt, sehen sie einen dunklen Wald, hören das Knacken der Äste, riechen das modrige Laub, schmecken die süßen Beeren. So wird die Imaginationsfähigkeit gestärkt. Denn gerade weil es keine sichtbaren Bilder gibt, besteht die Freiheit, sich eigene Vorstellungen zu machen. Ganz gleich ob die Geschichten realistisch oder fantastischer Natur sind, sie regen die Vorstellung und das Denken der Zuhörer an.

b) Geschichten erweitern das sprachliche Repertoire und das Sinnverstehen

In Geschichten lernen Kinder eine andere Sprache kennen als die ihnen vertraute Alltagssprache. Das Alltagsgespräch ist meist in eine Situation eingebettet, welche die Bedeutung des Gesagten mitkonstruiert. Wenn mir in solch einem Gespräch das passende Wort nicht einfällt, kann ich mit dem Finger auf die Sache zeigen. Ich kann meinen Gesprächspartner zu der Sache hinführen und ihm so klar machen, was ich will. Habe ich aber den Symbolcharakter von Sprache verstanden, kann ich mit ihrer Hilfe ausdrücken, was ich will. Ich kann Zusammenhänge konstruieren, in denen sich der Zuhörer oder Leser zurechtfindet. Das Kind, das dies kann, ist nicht mehr auf den situativen Kontext angewiesen, es hat die nicht-situative Sprache gelernt. Wenn ein Kind z.B. vom Urlaub erzählt und es ihm gelingt, bei seinen Zuhörern nur durch sprachliche Vermittlung eine Vorstellung dessen, was es erlebt hat, zu wecken, dann kann es im wahrsten Sinne des Wortes Geschichten erzählen.

Michaela Ulich sieht darin einen wichtigen Schritt in der Sprachentwicklung eines Kindes. Denn die Fähigkeit zu abstrahieren und nur sprachlich vermittelte Botschaften zu entschlüsseln, sie zu verstehen und zu interpretieren, ist eine wichtige Voraussetzung für das Lesen, Verstehen sowie das Schreiben von Texten. Auch die sprachgebundene Fantasie wird angeregt (vgl. Ulich 2003, S. 13).

Die Kinder verbessern mit Geschichten auch ihr Sprachniveau. Wortschatz und Satzstrukturen sind reichhaltiger, komplexer. Dies geht dann in den Sprachgebrauch der Kinder über, besonders wenn sie selbst Geschichten (nach-)erzählen. Ein knapp vier Jahre alter Junge, der die Weihnachtsgeschichte gehört hatte, überraschte seine Familie z.B. mit dem Satz: „Und Maria und Josef irrten durch die Dunkelheit auf der Suche nach einer Herberge." Dies sprach er voller Ernst mit der nötigen Dramatik und es war ersichtlich, dass ihn die Worte mindestens so sehr beeindruckten wie der Inhalt.

c) Geschichten fördern die kognitive, emotionale und soziale Entwicklung

Alle einschlägigen Studien kommen zu dem Ergebnis, dass Kinder, die von klein auf mit Geschichten aufwachsen, später sprachlich im Vorteil sind. Geschichten fördern das Denken in Zusammenhängen und die Vorstellungskraft. Sie regen zum Nachdenken an, vermitteln Wissen über Menschen und über die Welt, in der sie leben. Geschichten fördern auch die Empathiefähigkeit, das Verständnis von sich und den anderen. In Geschichten kann ich in verschiedene Rollen schlüpfen, kann verschiedene Perspektiven einnehmen. Ich kann erfahren, warum sich jemand so oder so verhält und das führt zu einem besseren Verständnis der Menschen.

Aber auch auf das Sozialverhalten wirken sich Geschichten günstig aus, haben doch Kinder, die viele Geschichten kennen und mit denen über diese Geschichten geredet wird, mehr Verhaltensmodelle, an denen sie sich orientieren können. Und wer gelernt hat, mit Worten umzugehen, kann Streit eher mit Worten lösen und braucht nicht gleich die Fäuste einzusetzen. Natürlich ist dies nicht nur eine Folge der Geschichten. Aber wenn ein Kind in einer Umgebung aufwächst, in der man ihm Geschichten erzählt, heißt das im Allgemeinen, dass man sich Zeit nimmt für das Kind, mit ihm spricht. Einem Kind eine Geschichte erzählen, heißt ihm Zeit und Zuwendung schenken.

Kinder, die viele Geschichten kennen, werden auch selber oft zum Erzählen und Erfinden von Geschichten angeregt. Lassen Sie Kinder Geschichten erzählen, machen Sie Erzählspiele mit ihnen und schreiben Sie diese Geschichten auf. So erkennen die Kinder auch die Funktion und den Wert von Schrift.

Dies fördert sie im sprachlichen wie kognitiven Bereich. Sie können mit den Kindern ein eigenes Geschichtenbuch herstellen. Aus diesem kann vorgelesen werden, können die kleinen Autoren bald schon selbst vorlesen. Es gibt noch vieles mehr, was mit Geschichten gemacht werden kann: Aus Geschichten werden Rollenspiele, Puppen- und Schattenspiel oder Tischtheater. Geschichten können zum Klingen gebracht, in Bewegung versetzt und illustriert werden. Bei allem werden die Kinder ganzheitlich gefördert: Sprache und Denken, Gefühle und Sinne, Sozialverhalten. Sie finden verschiedene Sprachen, um sich über Bewegung, Musik, ästhetisches Gestalten auszudrücken.

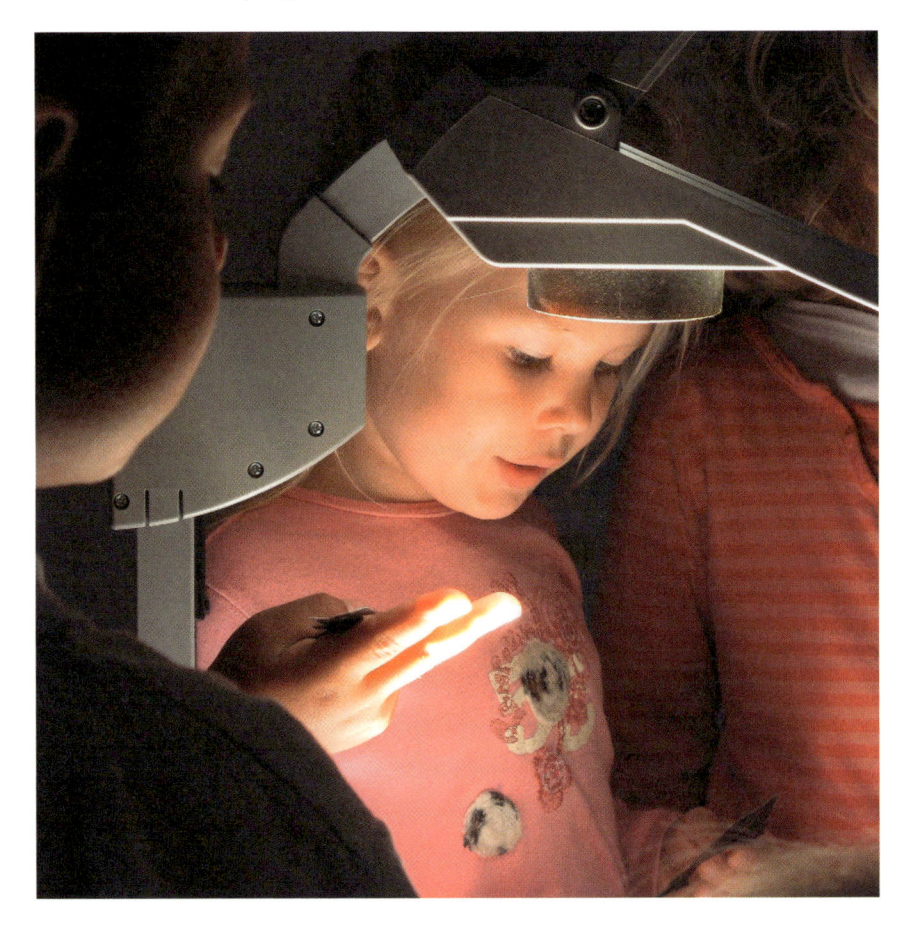

Woran man eine „gute" Geschichte erkennt: Auswahlkriterien

Praxis
Geschichten

Wie finde ich nun heraus, ob es sich um eine *gute* Geschichte handelt? Im folgenden Fragenkatalog sind Auswahlkriterien für Geschichten zusammengestellt. Mit Hilfe dieser Fragen können Geschichten kritisch begutachtet und gute, lebendige Geschichten gefunden werden, die Tiefgang haben, aber auch Spaß machen. Oder besser gesagt Freude, denn auch träumerische, poetische Geschichten, die nicht eigentlich lustig sind, können Freude bereiten.

Fragenkatalog zur Analyse und Beurteilung von Geschichten

1. Welche Altersgruppe fühlt sich von dieser Geschichte angesprochen?
2. Welche Themen, Interessen, Probleme von Kindern/Jugendlichen kommen in der Geschichte vor?
3. Wo sind Möglichkeiten zur Identifikation?
4. Welche Denkanstöße bietet die Geschichte?
5. Wofür werden die Leser sensibilisiert?
6. Was kann der Leser über sich und über andere lernen (Selbst- und Fremdwahrnehmung)?
7. Bietet die Geschichte Anregungen für kreative Problemlösungen?
8. Wird das Bedürfnis nach Spaß und Spannung befriedigt?
9. Inwiefern wird die Fantasie angeregt?
10. Wie ist die Sprache?

Wie die Geschichte zum Kind kommt: Tipps für gutes Vorlesen und freies Erzählen

Die Wirkung einer Geschichte auf Kinder hängt stark davon ab, wie sie vorgelesen bzw. erzählt wird. Gutes Lesen und Erzählen kann gelernt werden. Hier sind einige Tipps:

1. Vorbereitung

Sich gut vorbereiten ist unverzichtbar für gutes Vorlesen. Es ist wichtig, den Text zu kennen, ihn zu verstehen mit all seinen versteckten Botschaften. Dabei ist es gut, sich den Text vorher selbst laut vorzulesen, herauszufinden, wo Sinnzusammenhänge bzw. Einschnitte sind, wo Pausen gemacht werden müssen, wo Spannung aufgebaut werden muss, wo Ruhephasen sind. Denken Sie beim Vorlesen mit, so verlieren Sie den Handlungsfaden nicht und betonen das Wesentliche.

2. Erleben
Als Vorleser oder Erzähler versetzen Sie sich in die Geschichte, Sie erleben sie mit allen Sinnen. Sie stellen sich genau vor, wie es da aussieht, was Sie hören, riechen, schmecken, fühlen, wie die Personen sind, in welcher Stimmung sie sich befinden, wie sie sprechen.

3. Empathie
Erleben Sie die Gefühle der Personen beim Erzählen der Geschichte mit und passen Sie Ihre Stimme und den Tonfall den Emotionen und den Situationen an. Sie können auch die verschiedenen Akteure mit unterschiedlichen Stimmen darstellen. Dies sollte aber nicht übertrieben wirken, sondern so natürlich wie möglich dargestellt werden.

4. Körpersprache – Gestik und Mimik
Sie lassen eigene Emotionen zu. Körpersprache, Mimik und Gestik gehören zum Vorlesen, sollten aber behutsam eingesetzt werden.

5. Artikulation und Intonation
Sie sprechen klar und deutlich, lassen durch Ihre Intonation erkennen, ob etwas spannend, geheimnisvoll, freudig, träumerisch oder ruhig ist. Sie spielen mit der Lautstärke. Wenn es geheimnisvoll oder spannend wird, flüstern Sie fast und schon spitzen ihre Zuhörer die Ohren.

6. Tempo
Sie sprechen langsam genug, damit die Zuhörer Zeit haben, das Erzählte aufzunehmen, innere Bilder zu entwickeln. Sie variieren aber die Geschwindigkeit ebenso wie die Lautstärke, um keine Monotonie und Langeweile aufkommen zu lassen, um Spannung zu erzeugen.

7. Struktur
Wichtige Schlüsselwörter und Schlüsselsätze wiederholen Sie, lassen sie nachwirken. Sie geben der Geschichte Struktur.

Praxis

Geschichten

8. Blickkontakt
Vorlesen ist Kommunikation. Dazu brauchen Sie den Blickkontakt mit Ihren Zuhörern. Je besser Sie den Text kennen, desto mehr können Sie sich davon lösen und auch beim Vorlesen ins Publikum schauen.

9. Vorlesen und freies Erzählen
Je nach Geschichte können Sie auch wechseln zwischen freiem Erzählen und Vorlesen. Inwieweit Sie die Kinder ins Erzählen einbeziehen, müssen Sie selbst entscheiden. Dies hängt auch von der Art der Geschichte und den Bedürfnissen der Kinder ab.

10. „Richtiges" Vorlesen
Seien Sie sich bewusst, dass es nicht das richtige Erzählen gibt. Sie müssen herausfinden, welcher Vorlesestil zu Ihnen passt. So kann für den einen eher ruhiges, für den anderen dramatisches Erzählen richtig sein.

11. Rahmenbedingungen
Auch wenn Sie noch so gut vorlesen oder erzählen können, hängt die Wirkung doch auch von den Rahmenbedingungen ab:
- Die Umgebung sollte ruhig und gemütlich sein.
- Das Kind sollte sich in vertrauter Atmosphäre befinden.
- Das Kind weiß, was nun kommt und kann sich darauf einlassen. Das heißt, es hört freiwillig zu.

Das Erzählen von Geschichten können Erzieherinnen zu unterschiedlichen Gelegenheiten und in verschiedenen Sozialformen anbieten:
- im Morgen- oder Schlusskreis als geplantes Angebot,
- an Geburtstagen,
- als Veranstaltung zu bestimmten Zeiten (die auf Plakaten angekündigt werden, und zu der sich die Kinder Eintrittskarten holen),
- auf Wunsch der Kinder im Freispiel,
- bei einem Spaziergang.

Wichtig ist, Vorlesen und Erzählen auszuprobieren, um zum eigenen Stil zu finden. Viele Anregungen kann man sich holen, wenn man Veranstaltungen mit professionellen Erzählern besucht. Das heißt nicht, dass man sie imitieren soll, aber dabei kann man sich die eine oder andere Idee holen und ausprobieren.

Praxis

Geschichten

Vom Zuhörer zum Erzähler: Mit Kindern Geschichten erfinden

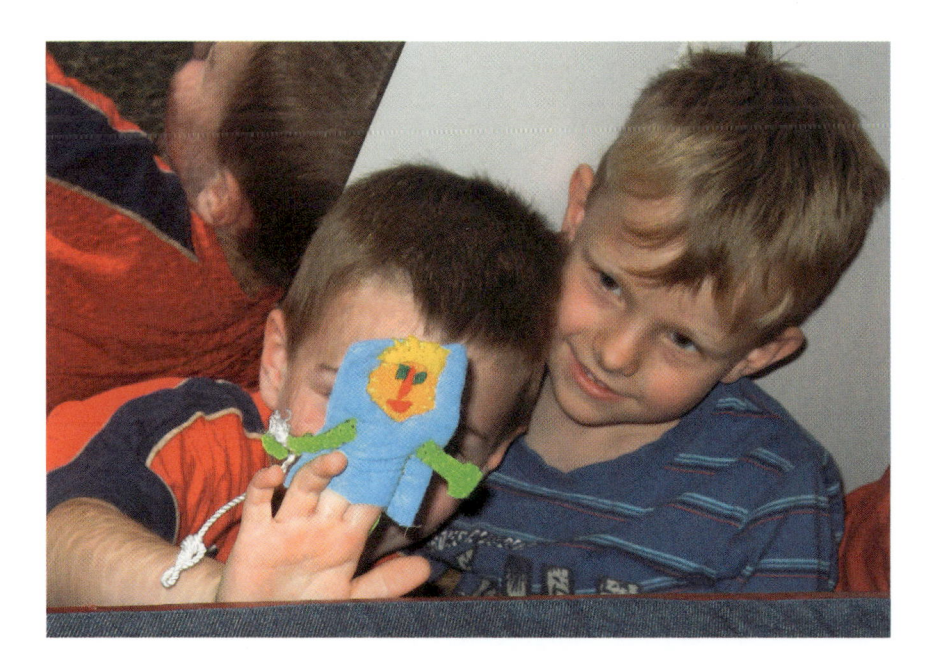

Beim Zuhören nehmen die Kinder viele Aspekte der Sprache auf. Sie lernen ganz nebenbei Wörter, Satzstrukturen, den Aufbau einer Geschichte und neue Verbformen wie die des Imperfekts. Dies alles soll auch spielerisch angewendet werden. Das Erzählen von eigenen Geschichten ist eine Übung, die Sprache und Fantasie, Denken und Konzentration fördert. Das Erfinden von Geschichten mit Kindern braucht auch einen Rahmen. Das gibt Sicherheit und engt die Fantasie nicht ein, sondern hilft ihr, sich zu entfalten.

Tipps zum gemeinsamen Erfinden von Geschichten

- **Auf den Anfang kommt es an**
  Sie geben als Erzieherin einen interessanten Anfang, in dem die Hauptperson und der Ort der Handlung festgelegt sind. Dann wird ein Ereignis angedeutet und alle entwickeln die Geschichte zusammen weiter. Dabei kann ein Erzählstein von Kind zu Kind wandern oder die Kinder werfen sich einen Erzählball zu.
  Sie können die Geschichte auch von Anfang an mit den Kindern gestalten, indem sie mit ihnen überlegen, wer und was in der Geschichte vorkommt, wo sie spielen und was passieren soll. Die Kinder sind dabei mit ihrer Fantasie und Sprache äußerst aktiv.

- **Offenes Ende**
  Sie erzählen eine Geschichte bis zu einem bestimmten Punkt und die Kinder diskutieren, wie es weitergeht und erzählen die Geschichte zu Ende.

- **Bilder/Fotos**
  Sie können eine Bilder- bzw. Fotosammlung anlegen. Ein Bild wird ausgewählt und dazu wird eine Geschichte erfunden. Leitfragen sind: Was passiert gerade? Was ist vorher passiert und wie geht es weiter?

- **Wörterschachteln**
  Dies sind Schachteln oder Dosen, in denen Kärtchen als „Wörterschatz" liegen. Es gibt eine Schachtel für Personen, eine für Orte, eine für Sachen, eine für Verben, eine für Adjektive usw. Aus jeder Schachtel ziehen die Kinder eine Karte, und schon haben sie das Gerüst für eine Geschichte.

❏ **Geschichtenschachteln**
Es kann auch Schachteln geben, in denen einige Gegenstände liegen, die die Grundlage für eine Geschichte bilden. Es können auch Gegenstände sein, die zu einer bekannten Geschichte oder einem Märchen gehören, welches die Kinder dann nacherzählen.

❏ **Wort-für-Wort-Geschichten**
Dieses Spiel kann paarweise oder mit einer Gruppe gespielt werden: Einer sagt ein Wort – aber wirklich nur eines, auch wenn es nur ein Artikel ist – und der nächste fügt „sein" Wort hinzu usw. Einzige Regel: Die Wörter müssen zueinanderpassen. Wenn der Vorgänger „die" gesagt hat, kann logischerweise nicht „Vater" folgen.

❏ **Ein imaginäres Bild beschreiben**
Alle stellen sich ein Bild vor. Ein Kind fängt an zu beschreiben, was es sieht. Die anderen ergänzen. Dabei müssen sie aufpassen, dass sich das, was sie sehen, nicht ausschließt.

❏ **Wörter finden**
Sie können die Kinder fragen, wo ihre Gedanken, Ideen und Wörter wohnen. Sicher sagen sie „im Kopf". Sie ermuntern sie, ganz kräftig den Kopf zu schütteln, damit ein paar herausfallen. Dabei können Sie Impulse geben: Erst purzeln alle Wörter heraus, die man sehr gern hat, dann alle, die man am liebsten für immer herausschütteln würde, weil man sie gar nicht gern hat, dann kommen Streichelwörter, Ferienwörter, Freudewörter, Wutwörter, Nachtwörter, Tagwörter usw. heraus. Diese Wörter werden gesammelt und aufgeschrieben und dienen als Grundlage für Geschichten.

Praxis

Geschichten

VOM ZUHÖRER ZUM ERZÄHLER

- **Assoziationsspiel**
  Die Kinder stehen im Kreis. Ein Kind (A) geht in die Mitte und nennt einen Begriff, z.B. „Ich bin der Baum". Ein Kind (B), das eine Assoziation dazu hat, tritt dazu und nennt einen neuen Begriff, z.B. „Ich bin der Ast", dann kommt ein drittes (C) dazu und nennt seine Assoziation, z.B. „Ich bin das Vogelnest".
  A entscheidet dann, wer von den beiden in der Mitte bleibt, die anderen beiden gehen wieder zurück in den Kreis. Das Kind, das im Kreis bleibt, wiederholt seinen Begriff und eine neue Assoziationskette beginnt. Sie können einzelne Assoziationsketten auf Zettel notieren, diese werden nachher unter Gruppen verteilt und die Gruppen erfinden dazu eine Geschichte.

- **Spontanes Erfinden von Geschichten**
  Auch im Freispiel können Sie mit spontanen selbst erfundenen Geschichten die Sprache des Kindes fördern. Wenn Ihnen ein Kind stolz ein vollendetes Puzzle zeigt, auf dem vielleicht ein Schiff zu sehen ist, dann greifen Sie dieses Thema in einer spontanen Geschichte auf.
  Sie können sich mit dem Kind auf eine imaginäre Schiffsreise begeben: „Komm, wir steigen ein, du bist der Kapitän, ich der Matrose. Kapitän, wohin geht die Reise? Was soll ich tun?" So wird das Kind zum Akteur und Erfinder einer Geschichte. Sie können diesen kreativen Prozess durch Impulse unterstützen: „Käpt'n, siehst du die Leute dort auf der Insel? Willst du auch mal durch das Fernrohr sehen? Was siehst du?"

Tipps zu guten Kindergeschichten und Autoren:

Es gibt so viele gute Geschichten, dass ich hier nur einige Hinweise geben kann, die natürlich sehr begrenzt und subjektiv sind. Alle Kinder sollten die Klassiker von Astrid Lindgren, Otfried Preußler, Michael Ende, Christine Nöstlinger und Paul Maar kennenlernen.

Gute Geschichten finden Sie auch bei Kirsten Boie, Gudrun Mebs, Rotraud Susanne Berner, Cornelia Funke, Erwin Moser, Andreas Steinhöfel, Jörg Schubiger und Manfred Mai.

Unter neueren Veröffentlichungen sind mir die Geschichten von Antonia Michaelis in dem Band „Schokolade am Meer" für Kinder ab fünf Jahren positiv aufgefallen. Es sind fantastische Geschichten, die viel Spaß machen, kreatives Denken anregen und deren Themen in der Realität verankert sind.

Märchen

Was in einem Märchen wie „Die Bienenkönigin" verborgen ist

Die Bienenkönigin

Zwei Königssöhne gingen einmal auf Abenteuersuche und gerieten in ein wildes, wüstes Leben, so dass sie gar nicht wieder nach Hause kamen. Der jüngste, welcher der Dummling hieß, machte sich auf und suchte seine Brüder. Aber wie er sie endlich fand, verspotteten sie ihn, dass er sich mit seiner Einfalt durch die Welt schlagen wollte. Sie zwei könnten nicht durchkommen, und wären doch viel klüger. Sie zogen alle drei miteinander fort und kamen an einen Ameisenhaufen. Die zwei Ältesten wollten ihn aufwühlen und sehen, wie die kleinen Ameisen in der Angst herumkriechen und ihre Eier forttragen. Aber der Dummling sagte: „Lasst die Tiere in Frieden, ich leid´s nicht, dass ihr sie stört."

Beispiel
Märchen

Da gingen sie weiter und kamen an einen See. Auf diesem schwammen viele, viele Enten. Die zwei Brüder wollten ein paar Enten fangen und braten, aber der Dummling ließ es nicht zu und sprach: „Lasst die Tiere in Frieden, ich leid´s nicht, dass ihr sie tötet." Endlich kamen sie an ein Bienennest, darin war so viel Honig, dass er am Stamm herunterlief. Die zwei wollten Feuer unter den Baum legen und die Bienen ersticken, damit sie den Honig wegnehmen könnten. Der Dummling hielt sie aber wieder ab und sprach: „Lasst die Tiere in Frieden, ich leid´s nicht, dass ihr sie verbrennt". Endlich kamen die drei Brüder in ein Schloss, wo in den Ställen lauter steinerne Pferde standen. Auch hier war kein Mensch zu sehen. Sie gingen durch alle Säle, bis sie vor eine Tür ganz am Ende kamen. Davor hingen drei Schlösser. Es war aber mitten in der Türe ein Lädchen, dadurch konnte man in die Stube sehen. Da sahen sie ein graues Männchen, das an einem Tisch saß. Sie riefen es an, einmal, zweimal, aber es hörte nicht. Dann riefen sie zum dritten Mal. Da stand es auf, öffnete die Schlösser und kam heraus. Es sprach aber kein Wort, sondern führte sie zu einem reich besetzten Tisch; und als sie gegessen und getrunken hatten, brachte es jeden der Brüder in sein eigenes Schlafgemach.

Am andern Morgen kam das graue Männchen zu dem Ältesten, winkte und leitete ihn zu einer steinernen Tafel. Darauf standen drei Aufgaben geschrieben, wodurch das Schloss erlöst werden könnte. In der ersten Aufgabe ging es um die Perlen der Königstochter. Diese lagen im Wald unter dem Moos, tausend an der Zahl. Sie mussten gesucht werden, und wenn vor Sonnenuntergang noch eine einzige fehlte, so würde der, welcher gesucht hatte, zu Stein. Der Älteste ging hin und suchte den ganzen Tag. Als aber der Tag zu Ende war, hatte er erst hundert gefunden. Es geschah, wie auf der Tafel stand: Er wurde in Stein verwandelt.

Am folgenden Tag unternahm der zweite Bruder das Abenteuer; es ging ihm aber nicht viel besser als dem Ältesten. Er fand nicht mehr als zweihundert Perlen und wurde zu Stein. Endlich kam auch an den Dummling die Reihe. Er suchte im Moos, es war aber so schwer, die Perlen zu finden, und ging so langsam. Da setzte er sich auf einen Stein und weinte. Und wie er so saß, kam der Ameisenkönig, dem er einmal das Leben gerettet hatte. Und er kam mit fünftausend Ameisen, und es währte gar nicht lange, so hatten die kleinen Tiere die Perlen miteinander gefunden und auf einen Haufen getragen. Die zweite Aufgabe aber war, den Schlüssel zu der Schlafkammer der Königstochter aus dem See zu holen. Wie der Dummling zum See kam, schwammen die Enten, die er einmal gerettet hatte, heran, tauchten unter und holten den Schlüssel aus der Tiefe.

Die dritte Aufgabe aber war die Schwerste. Aus den drei schlafenden Töchtern des Königs sollte die Jüngste und die Liebste herausgesucht werden. Sie glichen sich aber vollkommen, und waren durch nichts verschieden. Außer dass sie, bevor sie eingeschlafen waren, verschiedene Süßigkeiten gegessen hatten. Die Älteste ein Stück Zucker, die Zweite ein wenig Sirup, die Jüngste einen Löffel voll Honig. Da kam die Bienenkönigin von den Bienen, die der Dummling vor dem Feuer geschützt hatte, und versuchte den Mund von allen Dreien. Zuletzt blieb sie auf dem Mund sitzen, der Honig gegessen hatte, und so erkannte der Königssohn die rechte.

Da war der Zauber vorbei. Alles wurde aus dem Schlaf erlöst, und wer von Stein war, erhielt seine menschliche Gestalt wieder. Und der Dummling vermählte sich mit der Jüngsten und Liebsten, und ward König nach ihres Vaters Tod. Seine zwei Brüder aber erhielten die beiden andern Schwestern.

nach den Brüdern Grimm

Inwiefern werden Kinder durch das Märchen „Die Bienenkönigin" gefördert?

Beispiel Märchen

Das Märchen „Die Bienenkönigin" (vgl. Brüder Grimm, KHM 62) ist bei Vorschulkindern sehr beliebt. Wie sehr die Themen dieses Märchens Kinder beschäftigen, wird besonders spürbar, wenn es in Gesprächsrunden oder Rollenspielen vertieft, wenn mit den Kindern ein Tischtheater oder Märchenbilderbuch dazu gestaltet wird. Doch was ist es, das die Kinder so „an-rührt", so „be-rührt"?

Der „Held"

Da ist zuerst der Held: Er ist der Jüngste, dem man wenig zutraut, den die Brüder nicht ernst nehmen. Viele Kinder kennen dies und können sich so mit diesem Bruder identifizieren. Doch was steckt nicht alles in ihm! Die „großmäuligen" Brüder fallen auf die Nase und gerade der Jüngste muss sie aus dem Sumpf herausholen. Und wie stark wird er dann, als er, der Kleine, seine großen Brüder davon abhält, den Ameisen, Enten und Bienen ein Leid anzutun. Stärke zeigt er auch, wenn er den Brüdern im Brustton der Überzeugung zuruft: „Ich leid's nicht!" Dass auch der scheinbar Schwache Einfluss haben kann, wenn er selbstbewusst eintritt für das, was ihm wichtig ist, sehen die Kinder an diesem Beispiel. Sie sehen aber ebenfalls, dass man im Leben manchmal Hilflosigkeit erlebt, aber auch Hoffnung haben darf, dass dann Hilfe kommt. Die Tiere, denen der kleinste Bruder zuvor geholfen hat, helfen nun ihm.

Diese Inhalte sprechen somit auf besondere Weise die sozial-emotionalen Kompetenzen der Kinder an. Dies kann in einer Gesprächsrunde, in einem Rollenspiel oder auch beim Malen einer für das Kind bedeutsamen Szene gezielt unterstützt werden.

Die großen Brüder

Auch die großen Brüder bieten Ansätze zur Identifikation bzw. zur Selbsterkenntnis. Sie folgen dem Lustprinzip, ohne daran zu denken, was dies für andere bedeutet. Viele Kinder reizt es, mit einem Stock in einem Ameisenhaufen zu wühlen. Es muss nicht einmal in tierquälerischer Absicht sein, dahinter kann auch einfach „naturwissenschaftliches" Interesse oder Neugierde stecken. Es geht jedoch darum, wie wir mit Wesen umgehen, was wir ihnen antun, nur um unsere Bedürfnisse zu befriedigen. Somit werden Werte und Normen im Umgang mit der Natur und im Zusammenleben mit anderen zum Thema gemacht. Die beiden Brüder büßen dafür, indem sie versteinern. Doch sie werden erlöst, da sie ja nicht nur böse sind, sondern sich von ihrem kleinen Bruder, der quasi ihr Gewissen war, leiten ließen.

Dieses Märchen ermöglicht es den Kindern, Werte und Normen kennenzulernen, über deren Sinn und Zweck nachzudenken und ihr eigenes Verhalten zu reflektieren.

Die Versteinerung und das graue Männlein

Die großen Brüder sind nur auf sich bezogen, abgeschnitten von der Natur, von ihrer Umwelt, ohne jegliches Einfühlungsvermögen. Ihre Versteinerung ist ein großartiges Bild für diesen Zustand: Der Stein hat zumindest äußerlich kein Leben, kann nicht in Beziehung treten, kann nicht kommunizieren. Aber tief drinnen leben die Brüder weiter. Vielleicht durchlaufen sie in dieser Zeit der Versteinerung einen Reifeprozess.

Das graue Männlein fasziniert die Kinder besonders. Es ist geheimnisvoll. Man weiß nicht so recht, ob es gut oder böse ist. Auf jeden Fall hilft es den Brüdern, verschafft ihnen das Lebensnotwendige, Nahrung und Schlaf, und gibt ihnen die Möglichkeit sich zu bewähren.

Das Thema Versteinerung regt dazu an, mit den Kindern über Sinnfragen nachzudenken: Was ist eigentlich „Leben"? Lebt ein versteinerter Mensch? Was braucht es zum Leben? Dass Kinder für solche Themen empfänglich sind, zeigt sich nicht nur in Gesprächen, sondern auch in kreativen Umsetzungen wie Rollenspiel, Jeux dramatique und anderen Ausdrucksformen.

Das gute Ende

Wie alle echten Volksmärchen geht auch dieses gut aus. Der Held hat das gute Ende durch sein Verhalten „verdient". Aber auch die anderen, die ja nicht ganz böse waren, bekommen eine zweite Chance. Dies zeigt den Kindern, dass sich das Leben lohnt.

Was ist eigentlich ein Märchen?

Wissen

Märchen

„Erzähl mir bitte ein Märchen!" oder „Erzähl mir doch keine Märchen!". Welche Bedeutung hat hier jeweils der Begriff „Märchen"? Im ersten Fall wünscht sich das Kind, dass ihm eine fantastische Geschichte erzählt wird, in der vielleicht eine Hexe oder ein sprechendes Reh, eine Stiefmutter oder eine gute Fee vorkommen, und die auf alle Fälle gut ausgeht. Im zweiten Fall wird man gebeten, nicht aufzuschneiden, keine Lügen zu erzählen.

> *Der Begriff Märchen kommt von dem mittelhochdeutschen Wort „maere". Das bedeutet ursprünglich „bekannt" und bezieht sich auf Erzählungen von Vorfällen, die es wert sind, bekannt gemacht zu werden. Doch ab dem 15. Jahrhundert bedeutet die Verkleinerungsform „maerlin" oder „maerchen" eine erfundene, kurze, mündlich überlieferte, nicht realistische Erzählung.*

Diese Definition trifft schon ziemlich genau das, was bis heute unter Märchen verstanden wird (vgl. Thiele/Steitz-Kallenbach 2003, S. 182). Allerdings gilt es hier nochmals zu differenzieren: Märchen wie „Rotkäppchen", „Aschenputtel", „Hänsel und Gretel" sind Volksmärchen. Ehe sie die Brüder Grimm am Anfang des 19. Jahrhunderts gesammelt und aufgeschrieben haben, wurden sie über Jahrhunderte hinweg mündlich überliefert. Es ist kein Verfasser bekannt.

Märchen wie „Der Kaiser und die Nachtigall" oder „Das Mädchen mit den Schwefelhölzern" gehören zu den Kunstmärchen. Diese hat ein Dichter verfasst, in unseren Beispielen war es Hans Christian Andersen. Der Dichter bedient sich märchenhafter Elemente, um sich in gleichnishaften Erzählungen mit Sinnfragen des Lebens, aber auch mit konkreten Problemen seiner Zeit zu beschäftigen. Im Unterschied zu den Volksmärchen gehen die Kunstmärchen nicht immer gut aus.

Zusammenfassend kann man sagen, dass Volksmärchen Erzählungen sind, die mündlich überliefert und „im Volk", also für Erwachsene erzählt wurden. Dies war für die einfache und meist ungebildete Bevölkerung oft die einzige Art mit Literatur in Berührung zu kommen. Ein Märchenerzähler brachte Abwechslung in den harten Alltag, verkürzte die arbeitsamen Stunden beim Spinnen, Weben und sonstigen Arbeiten. Kunstmärchen sind hingegen künstlerisch geformte Erzählungen eines individuellen Dichters, meist speziell für Kinder.

Die Brüder Grimm

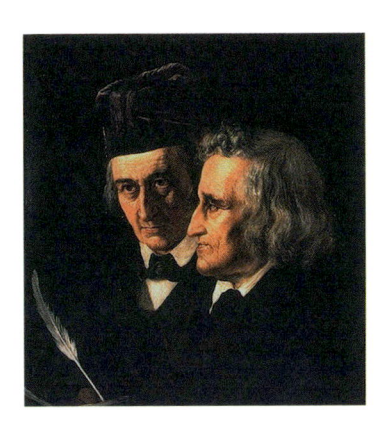

In der ganzen Welt werden heute mit dem Begriff „Märchen" die Brüder Grimm assoziiert. 1812 veröffentlichten sie die erste Sammlung ihrer „Kinder- und Hausmärchen". Vom Erfolg dieser Sammlung waren sie selbst überrascht. Vor allem ahnten sie nicht, dass sich diese Märchen zur Kinderliteratur schlechthin entwickeln würden. Es folgten zwei weitere Bände. In der „Fassung letzter Hand" von 1857 sind 200 Märchen enthalten, die mit dem Kürzel KHM und je nach Märchen 1–200 bezeichnet werden. Die meisten Märchen sind Zaubermärchen, z.B. „Der Froschkönig" und „Dornröschen". Es gibt aber auch Schwank- und Legendenmärchen.

Die Brüder Grimm waren keine romantischen Träumer, sondern Wissenschaftler: Jacob studierte Jura und widmete sich dann der Sprachwissenschaft, Wilhelm studierte ebenfalls Sprachwissenschaft. Außer Märchen sammelten die Brüder auch Mythen, Sagen und Legenden und begannen das große Wörterbuch der Deutschen Sprache, in dem sie der Herkunft, Bedeutung und Verwendung jedes Wortes nachgingen. Sie sammelten Märchen in ganz Deutschland, hatten ihre besonderen Erzähler und versuchten, die Texte so, wie sie sie gehört hatten, aufzuschreiben. Es gab natürlich Veränderungen und Bearbeitungen, denn in der mündlichen Überlieferung gibt es ja nicht eine einzige gültige Fassung. Außerdem strichen sie Anstößiges wie sexuelle Anspielungen und versuchten Unverständliches besser auszudrücken. Besonders Wilhelm Grimm mit seiner poetischen Ader gab den Märchen ihren unverwechselbaren Tonfall und brachte sie so in die bürgerlichen Kinderstuben.

Was Märchen zur Entwicklung und Bildung beitragen

a) Die Botschaften von Märchen oder warum Märchen Kinder stark machen

Alle Märchen haben einen typischen Handlungsverlauf, der viel mit der menschlichen Entwicklung und Reifung zu tun hat. Am Anfang steht meist die Erfahrung eines Mangels. Es ist nichts zum Essen da („Hänsel und Gretel"), eine böse Stiefmutter macht einem das Leben zur Hölle („Aschenputtel"), eine andere ist eifersüchtig („Schneewittchen"), man entspricht nicht den Erwartungen der Eltern („Das Eselein"), der Vater braucht das schwer zu findende Wasser des Lebens, damit er nicht stirbt („Das Wasser des Lebens"), ein Mädchen macht es sich zur Aufgabe, die verzauberten Brüder zu erlösen („Die sieben Raben"). Das hat den Aufbruch des Helden/der Heldin zur Folge, der/die sich meist allein, „isoliert", auf den Weg macht.

Auf diesem Weg erlebt der Held Gefahren und Bedrohungen, er muss erkennen, wer ihm Böses will und in welchen Verkleidungen ihm das Böse begegnet. Doch er erfährt auch Hilfe, sei es durch übernatürliche Wesen von außen oder durch die Mobilisierung eigener, bisher unentdeckter Fähigkeiten. Der Held scheitert und erfährt im Scheitern die Chance der Entwicklung und Verwandlung. Am Ende kann er das Böse besiegen, bewältigt seine Aufgabe. Er hat erfahren, wer er ist, und ist reif für das gute Ende: Er findet den Schatz, er bekommt die Krone und/oder die Prinzessin, er kehrt mit Gaben heim. Der Weg hat sich gelohnt. Am Ende stehen die Erfüllung und das Leben in Gemeinschaft, sei es als Paar oder wieder eingebunden in die Familie.

All dies sind Grunderfahrungen des Menschen und zugleich seine Entwicklungsaufgaben: Das Märchen gibt den Kindern ganz konkrete Orientierung, zeigt ihnen die Bedingungen, unter denen Leben gelingen kann: Nur der Held, der aufmerksam ist, kann Erfolg haben. Er muss Bedürfnisse wahrnehmen, seine eigenen wie die der Umwelt, er muss die Zeichen hören und sehen. Er muss sensibel sein und spüren, wann und wie er auf Angebote von außen zu reagieren hat. Er muss Hilfe leisten können, aber auch Hilfe annehmen. Er muss zäh, mutig, manchmal auch listig sein und anderen vertrauen können.

Märchen vermitteln,
- dass es im Leben Gutes und Böses gibt,
- dass man sich auf den Weg machen muss, um reif zu werden und sein Ziel zu erreichen,
- dass auch Unscheinbares und scheinbar Hässliches bedeutend sein kann,
- dass man sich dem Leben stellen, den Menschen, der Natur, den Dingen öffnen muss,
- dass man Fehler machen, hilflos sein und Hilfe annehmen darf,
- dass man hoffen darf, dass das Leben einen Sinn hat und gelingen kann.

Das Märchen bietet also Hilfe bei der Bewältigung von Entwicklungsaufgaben, indem es Identifikationsmöglichkeiten und Verhaltensmodelle zur Verfügung stellt. Zugleich vermittelt es Hoffnung und Zuversicht, indem es zeigt, dass Ängste überwunden und Aufgaben gelöst werden können. Märchenhelden sind besonders widerstandsfähig (resilient). Sie erreichen ihr Lebensziel trotz meist widriger familiärer Umstände und obwohl ihr Weg von vielen Hindernissen begleitet wird. Mit Hilfe von Märchen können Kinder ein Ich-Gefühl entwickeln und Sicherheit erwerben, indem sie die Botschaften der Märchen ihren Bedürfnissen entsprechend aufnehmen, umwandeln und malend, gestaltend und sprechend damit spielen. So erweitern sie in der Fantasie ihre Grenzen und können vieles ausprobieren (vgl. Zitzlsperger 2007, S. 40).

Ein dreieinhalb Jahre altes Mädchen, das das Märchen „Hänsel und Gretel" zufällig mitgehört hatte, malte danach immer wieder Feuerbilder und vergewisserte sich so, dass die Hexe auch wirklich verbrannt ist. Es wollte immer wieder diese Stelle erzählt bekommen, bis es diesen Teil selbst erzählen konnte. So machte sich das Kind stark gegen die Hexe, also gegen seine Ängste.

Märchen sind insofern hilfreich, als sich deren Figuren so gut zur Identifikation und Projektion eignen. Die guten Helden sind Vorbildfiguren. Mit ihnen setzen sich die Kinder gleich, sie übernehmen Anteile dieser Figuren und übertragen sie auf sich selbst. Projektionen finden eher bei den negativ besetzten Figuren statt. Alle eigenen negativen Gefühle und Regungen können guten Gewissens bei diesen bösen Figuren abgeladen werden. Welches Kind ist nicht einfach mal wütend auf seine Mutter? Aber eigentlich muss man die Mutter ja lieb haben und will es auch. Da eignet sich eine Hexe oder eine böse Stiefmutter wunderbar, um diese Gefühle auszuleben. Auch unbestimmte Ängste können so Gestalt annehmen, bewusst gemacht und vielleicht überwunden werden, wenn etwa der böse Wolf im Brunnen ertrinkt wie in den „Sieben Geißlein" oder wenn Gretel die Hexe in den Ofen stößt und sie dort verbrennt.

b) Die Bild- und Symbolsprache des Märchens

Beim Lesen und Hören eines Märchens entstehen innere Bilder. Diese Bilder sprechen unser Inneres, unser Vor- und Unbewusstes an und bilden ein Gegengewicht zum rein Rational-Intellektuellen. Die Bildsprache kann als Brücke zwischen Unbewusstem und Bewusstem, zwischen Innen und Außen gesehen werden (vgl. Hilty 1995, S. 20ff). Eng verbunden mit dieser Bildsprache ist die sogenannte Symbolsprache, die Erich Fromm als eine Sprache beschreibt, in der Inneres durch Äußeres, also konkret Wahrnehmbares, ausgedrückt wird und in der nicht die Logik, sondern Intensität und Assoziation vorherrschen. Diese Sprache ist universal und wird von allen Menschen verstanden (vgl. Fromm 2004). In dieser Sprache kann erfasst werden, was wir rational nicht begreifen können, was aber dennoch existiert. Angst ist nichts Konkretes. Eine Hexe hingegen ist konkret und kann vernichtet werden.

Die bildhafte Sprache trifft bei Kindern zwischen dem vierten und siebten Lebensjahr auf eine besondere Sensibilität. Sie begreifen in dieser Phase die Welt über Bilder und Symbole, so wie für sie in dieser magischen Phase auch die sinnliche und übersinnliche Welt eine Einheit bildet. Das Kind redet mit Puppen, Tieren, dem Wind und dem Mond, ein Stein kann böse, die warme Sonne lieb sein. In Märchen finden wir eine Sammlung bildhaft gestalteter Menschheitserfahrungen. Als Erwachsene haben wir den Zugang zu dieser Sprache oft verloren. Deshalb ist es für die Vorbereitung eines Märchens wichtig, sich auf seine Bilder einzulassen, zu assoziieren und so zu ihrer tieferen Bedeutung vorzustoßen. Was sehe, was erfahre, was fühle ich, wenn ich von Menschen, die zu Stein werden, von einer goldenen Kugel, einem Glasberg, einem Tor, aus dem es Pech regnet, einer Dornenhecke, einem Scheideweg, einem tiefen Brunnen höre? Von symbolhafter Bedeutung kann vieles im Märchen sein.

Elemente mit symbolhafter Bedeutung im Märchen

- **Orte**: Die Orte sind weder konkret lokalisiert noch beschrieben. Sie sind archetypisch mit hohem Symbolcharakter:
  Wald: Ort des Sich-Verirrens, aber auch Schutz bietend; Haus: Schutz, Geborgenheit; Schloss: Ort der höchsten Erfüllung; Straße, Weg: Sich-Aufmachen; Scheideweg: Ort der Entscheidung; Brunnen: Tor zu einer anderen Welt, zum Unterbewussten.

- **Farben**: Farben kommen meist als reine Farben vor und haben symbolische Bedeutung. Rot: Farbe der Lebenslust, Lebenskraft, Liebe, Sexualität, Wärme; Gold: das reinste Edelmetall, das nicht oxydiert, immer gleich bleibt. So symbolisiert es weniger materiellen Reichtum als höchste Weisheit, höchsten Wert; Schwarz und Weiß symbolisieren den Gegensatz von gut und böse.

- **Metalle und Mineralien**: Oft werden Lebewesen oder Gegenstände metallisiert oder mineralisiert. Menschen werden versteinert wie in „Die Bienenkönigin". „Die sieben Raben" leben in einem gläsernen Berg, Haare sind aus Gold oder Silber wie im Märchen „Das kluge Schneiderlein".

- **Zahlen**: Beliebte Zahlen im Märchen sind drei, vier, sieben, zwölf, hundert, tausend. Die Drei ist die im Märchen am

> häufigsten vorkommende Zahl: drei Brüder, drei Aufgaben, drei Wünsche. Der Dreier-Rhythmus erzeugt Spannung verbunden mit Sicherheit. Es ist die Zahl der Ganzheit, und sie wird auch die göttliche Zahl genannt: die Dreieinigkeit; „Aller guten Dinge sind drei", These – Antithese – Synthese. Die Vier gilt als die weltliche Zahl: vier Himmelsrichtungen, vier Elemente, vier Jahreszeiten. Aus den Kombinationen dieser beiden Zahlen ergeben sich dann die Sieben und die Zwölf. Hundert und tausend stehen für eine sehr große Menge.

Wissen

Märchen

Analyse der Bilder in dem Märchen „Der süße Brei"

Am Beispiel des Märchens „Der süße Brei" auf S. 98 (vgl. Brüder Grimm, KHM 103) sollen die theoretischen Ausführungen konkretisiert werden. Dabei stütze ich mich auf die Deutung von Felicitas Betz (vgl. Betz 2001, S. 16f). Wir sehen ein armes Mädchen, ein Kind. Ein Kind ist eigentlich ein Wesen, das noch keine Verantwortung tragen muss, das lernen will und darf, das aber dem Ursprung, dem intuitiven Wissen noch näher ist. Und dieses Kind tut das Richtige, weiß das richtige Losungswort. Das ist für Kinder schön zu hören, gibt ihnen Kraft und Selbstvertrauen.

Zwei Erwachsene tauchen auf, die Mutter und die „Alte im Wald". Sind sie zwei Seiten einer Figur? Die Mutter, die Schwache, die Fehler macht und die Alte, eine überindividuelle Mutterfigur, die die große Nährende, Hilfe Spendende ist, nach der sich jedes Kind sehnt – und vielleicht auch jeder Erwachsene? Wir sehen den Topf, der ein wichtiges Gerät im Haushalt ist. In ihm kann ich etwas aufbewahren, durch ihn wird in Verbindung mit Feuer das Korn, welches dem Menschen im rohen Zustand nicht gerade zuträglich ist, in nährenden Brei verwandelt. Wir sehen aber auch den überlaufenden Brei, ein Bild für Überschwemmung und Verheerung, auch für Ambivalenz. Es zeigt uns, wie Gutes durch ein Zuviel davon zerstörerisch werden kann. Das Kind erfährt in diesen Bildern, dass es Schlimmes im Leben gibt, aber auch Hilfe, dass auch das Kind diese Hilfe finden und annehmen kann. Es erlebt, wie schnell sich Gutes in Schlechtes verwandeln kann, wenn das Maß nicht stimmt. Das alles ist Bildung im besten Sinne, nämlich Vorbereitung auf und Hilfe für das Leben.

Der süße Brei

Es war einmal ein armes frommes Mädchen, das lebte mit seiner Mutter allein, und sie hatten nichts mehr zu essen. Da ging das Kind hinaus in den Wald und begegnete einer alten Frau. Die wusste seinen Jammer schon und schenkte ihm ein Töpfchen, zu dem sollt es sagen: „Töpfchen, koche!", so kochte es guten süßen Hirsebrei, und wenn es sagte: „Töpfchen, steh!", so hörte es wieder auf zu kochen.

Das Mädchen brachte den Topf seiner Mutter heim, und nun waren sie ihrer Armut und ihres Hungers ledig und aßen süßen Brei, sooft sie wollten. Nach einiger Zeit war das Mädchen ausgegangen, da sprach die Mutter: „Töpfchen, koche!" Da kochte es, und sie aß sich satt. Als sie aber wollte, dass das Töpfchen wieder aufhören sollte, wusste sie das Wort nicht mehr. Also kochte es fort, und der Brei stiegt über den Rand hinaus und kochte immerzu. Die Küche und das ganze Haus voll, und das zweite Haus und dann die Straße, als wollt´s die ganze Welt satt machen. Das war eine große Not, und kein Mensch wusste sich da zu helfen.

Endlich, wie nur noch ein einziges Haus übrig war, kam das Kind heim, und sprach: „Töpfchen, steh!", da stand es und hörte auf zu kochen. Und wer wieder in die Stadt wollte, der musste sich durchessen.

nach den Brüdern Grimm

c) Impulse durch die Märchensprache

Wenn einem Kind Märchen erzählt werden, hat dies noch eine besondere Qualität, obwohl natürlich Ähnlichkeiten zum Geschichtenerzählen da sind. Dies liegt an den Sicherheit gebenden Strukturen und Inhalten der Märchen. Das sind bspw. die Wiederholungen und die Sprüche wie „Töpfchen, koche!" und „Töpfchen, steh!" sowie die Gewissheit, dass alles gut ausgeht.

Märchen wirken auch besonders sprachfördernd, da sie durch ihre Bildsprache und Symbole das magische Denken der Kinder und die Ausbildung eigener innerer Bilder anregen. Diese inneren Bilder erzählen die Kinder, das heißt, sie setzen sie in Sprache um. Dabei helfen ihnen wiederum die Worte des Märchens, die sie gehört haben.

Wissenschaftliche Untersuchungen belegen, dass Kinder, die oft Märchen hören und mit denen man über diese spricht, einen reicheren Wortschatz und komplexere sprachliche Strukturen einsetzen. Dazu kommt, dass Märchen bei den Kindern das Bedürfnis nach Wiederholung hervorrufen. So können Wortschatz, aber auch Syntax und Wortformen durch die Wiederholung spielerisch gelernt und gefestigt werden, wie etwa die in der Alltagssprache kaum vorkommende Imperfekt-Form.

Der Zauber der poetischen Sprache der Märchen und das Geheimnis, das von alten, fremd gewordenen Wörtern, von den Sprüchen und Reimen ausgeht, lassen die Kinder Sprache als etwas Wunderbares erleben. Wenn die Märchen in Rollen-, Darstellungs- oder Handpuppenspielen mit den Kindern improvisatorisch nachgespielt werden, kann ihre Sprache gezielt und spielerisch unterstützt werden.

Wissen
Märchen

Nacherzählung des Märchens „Rotkäppchen"

Das Mädchen hat eine rote Kappe auf, deshalb heißt es Rotkäppchen. Sie war auf dem Weg zur Großmutter. Da traf sie den Wolf und der sagte: „Pflück doch der Großmutter Blumen, das freut sie!" Das machte Rotkäppchen. Der Wolf ging zum Haus der Großmutter. Der hat gesagt: „Großmutter, mach auf!" Die Stimme hat er nämlich verstellt!
„Du musst nur die Klinke herunter drücken", sagte die Großmutter. Da hat er die Großmutter gefressen und ihre Kleider angezogen. Rotkäppchen ging ins Haus der Großmutter.
„Warum hast du so große Zähne?", hat sie die Großmutter gefragt.
Die war ja nicht im Bett, sondern der Wolf. „... damit ich dich besser fressen kann", sagte die Wolf-Großmutter ... und schwupp – war sie weg! Der Jäger kam vorbei und hörte den Wolf schnarchen. „Wer schnarcht denn da so laut?", fragte sich der Jäger. Dann hat der Jäger die Großmutter und das Rotkäppchen gerettet.
Beide waren noch am Leben!

Amely, 5 Jahre

d) Das Märchen und die kognitiv-emotionale Entwicklung des Kindes

Das europäische Volksmärchen hat einige typische Merkmale, die bei genauerem Hinschauen erkennen lassen, wieso sich das Märchen so gut zur Lektüre für Kinder eignet. Der Märchenforscher Max Lüthi hat die grundlegenden Strukturmerkmale des Märchens herausgearbeitet (vgl. Lüthi 2008).

Wissen
Märchen

Grundlegende Strukturmerkmale des Märchens

- **Eindimensionalität:** Das Märchen hat Einweltcharakter, d. h., es wird nicht zwischen den Dimensionen Realität einerseits und Übernatürliches andererseits unterschieden. Diese Welten gehen nahtlos ineinander über. Keiner wundert sich, wenn ein Bär plötzlich zu sprechen anfängt oder wenn das kleine hungrige Mädchen von einer Frau einen Zaubertopf erhält. Dies entspricht kindlichen Denkstrukturen. Kinder im Vorschulalter denken nicht rational, sondern animistisch, anthropomorph, analog und magisch.
  - **Animistisches Denken** bedeutet, Dinge wie eine Puppe, ein Stück Holz, ein Auto lebendig werden zu lassen. In jedem Spiel der Kinder kann man dies beobachten.
  - **Anthropomorphes Denken** heißt, Dingen, Tieren, Pflanzen menschliche Eigenschaften und Verhaltensweisen zuzusprechen. Das Messer, mit dem sich das Kind geschnitten hat, ist „böse"; dem Spielzeug, auf das es getreten ist, tut das weh und es muss getröstet werden.
  - **Analoges Denken** wenden Kinder an, wenn sie zur Erklärung neuer Phänomene Ähnliches, ihnen Bekanntes heranziehen. Warum geht die Sonne unter? Weil sie müde ist und schlafen muss.
  - **Magisches Denken** dient auch der Welterklärung. Personen oder Dingen werden bestimmte Kräfte zugeschrieben, die objektiv nicht belegbar sind. Wenn Erwachsene z.B. zu einer Prüfung einen Glücksbringer mitnehmen, dann ist in ihnen noch ein Rest magischen Denkens lebendig (vgl. Senckel 2001).

- **Formelhaftigkeit:** Eingangsformeln wie „Es war einmal" und Endformeln wie „dann leben sie noch heute" sind wichtige Türöffner und -schließer, die den Zuhörer in die Märchenwelt hineinführen und ihn wieder in die reale Welt zurückholen. Dem Kind gibt dies Sicherheit. Es weiß, dass das, was jetzt kommt, in einer anderen Welt geschieht, in der andere Gesetze gelten. Märchen leben auch von Reimen und Sprüchen. Diese sind oft Überreste magischer Formeln und üben einen besonderen Zauber aus. Die Verse weiß man meist noch, wenn man das Märchen selbst auch schon fast vergessen hat. Und die Kinder achten ganz genau darauf, dass diese Sätze richtig gesprochen werden.

- **Flächenhaftigkeit:** Im Märchen wird nichts ausgemalt, es werden weder ein genauer Ort noch eine genaue Zeit genannt. Alles „war einmal" „irgendwo" an einem allgemeinen Ort wie Hütte, Schloss, Wald. Die Figuren sind nicht individualisiert, sondern typisiert. Sie haben kein Innenleben, es wird nichts ausgemalt, auch der Schmerz nicht. Schneidet sich ein Mädchen den kleinen Finger ab, so fließt kein Blut, wird nichts vom Schmerz erzählt. Die Tat ist eine symbolische Handlung, die ausdrückt, dass man manchmal etwas von sich hergeben muss, um zu helfen. Dieses Merkmal der Flächenhaftigkeit ermöglicht es den Kindern, sich die Dinge und Vorgänge selbst in dem für sie angemessenen Ausmaß auszumalen. Dies fördert die Fantasie, ist aber auch Schutz vor Überforderung. Bei Hörbüchern und Verfilmungen besteht dieser Schutz weniger, und man sollte genau hinschauen und -hören, ob den Kindern in solchen Produktionen nicht zu viel zugemutet wird.

- **Dreizahl:** Drei Wünsche haben Märchenfiguren oft frei, drei Brüder ziehen aus, um für den Vater das Wasser des Lebens zu suchen, drei Mal muss der Held einen Kampf führen, ehe er ans Ziel kommt. Diese dreimaligen Wiederholungen verleihen dem Märchen Rhythmus und Spannung, geben Sicherheit. Dieses Strukturmerkmal dient aber auch dem Erzähler zur Orientierung und schützt die Zuhörer vor Überforderung. Die Spannung und Angst um den Helden ist leichter auszuhalten, wenn man weiß, dass beim dritten Mal alles gut wird. Die Drei ist die Zahl, die für das kleine Kind gerade noch fassbar ist. Sie ist die Grenze, an der sich die konkrete Vorstellung der Zahl mit der Vorstellung „viele" vermischt.

- **Polarisation:** Im Märchen herrschen heftige Gegensätze vor. So kann es Personen und Situationen wirkungsvoll darstellen, ohne ausführlich zu werden. Vollkommene Schönheit und absolute Hässlichkeit, Güte und Bosheit, Fleiß und Faulheit, Gold und Pech stehen einander gegenüber. Auch das Kind ordnet zu Beginn alles nach dem Prinzip des polaren Gegensatzes. Es gibt „viel" und „wenig", „groß" und „klein", „lieb" und „böse". Erst mit der Zeit kann es differenzieren, werden Menschen ein bisschen lieb und gleichzeitig ein bisschen böse.

Das Märchen liefert Stoff bzw. konkrete Bilder zur Orientierung. Das Kind erlebt, dass Hartherzigkeit schlecht, Mitgefühl und Freigebigkeit gut sind. Manche fürchten, dies könne zu einem Schwarz-Weiß-Denken führen. Doch diese Angst ist unbegründet. Das Kind lernt früh genug zu differenzieren, es wird ja nicht nur in der Märchenwelt groß, sondern auch in der realen, in der es nicht so klar zugeht. Doch ehe man differenzieren, das „Sowohl-als-Auch" erkennen kann, braucht man klare Eckpfeiler zur Orientierung. Wer die Farbe Grau in ihren Nuancen erkennen und verstehen will, muss erst einmal wissen, was Schwarz und Weiß bedeutet.

- **Isolation und Allverbundenheit:** Der Märchenheld handelt fast immer isoliert. Seine Eltern sind gestorben oder er wird ausgesetzt, verstoßen. Die drei Brüder ziehen meist alleine aus. Ganz sicher tut dies der Dritte, der Jüngste. Alleine geht das Mädchen in den Wald, wo es den Zaubertopf erhält. Der Held/die Heldin muss sich aus der vertrauten Umgebung lösen, was er/sie nicht immer ganz freiwillig tut, muss sich also ablösen, alleine seine/ihre notwendigen Entwicklungsschritte tun, ehe er/sie reif ist für eine neue Gemeinschaft. Meist enden die Märchen mit einer Hochzeit. Sind die Helden Kinder wie Hänsel und Gretel, so kehren sie zurück in ein Elternhaus, in dem sie nun willkommen

Wissen

Märchen

sind. Gerade die psychologische Märchendeutung betont dieses Merkmal der Märchen, welches das Kind unbewusst auf seine Entwicklungsaufgaben vorbereitet (vgl. Bettelheim 1993). Der Held ist aber auch in seiner Isolation nicht beziehungsunfähig. Er tritt in Kontakt mit Wesen aus der realen wie irrealen Welt, von denen er Hilfe erfährt. Er ist offen für die ganze Welt, das macht ihn potenziell allverbunden.

- **Die Letzten werden die Ersten sein:** Ein Merkmal der Märchen ist, dass vor allem die Letzten, die Kleinsten diejenigen sind, die als Held ihren Weg erfolgreich meistern und dann die „Ersten" werden. Der jüngste und für dumm gehaltene Bruder ist es, der die anderen rettet. Das kleine Mädchen und nicht die Mutter findet Hilfe. So konnten sich gerade die unteren Bevölkerungsschichten, denen Märchen erzählt wurden, in diesen wiederfinden und Kraft aus ihnen schöpfen. Und eben auch die Kinder, die sich bestimmt mit dem „Dummling" wie im Märchen „Die Bienenkönigin"oder dem Mädchen in „Der süße Brei" identifizieren können.

Zwei Einwände gegen Märchen

a) „Märchen sind zu grausam"

Immer wieder hört man als Einwand gegen Märchen, dass sie zu grausam für Kinder seien. Gewiss geht es im Märchen nicht zimperlich zu: Die Hexe wird verbrannt, Schneewittchens böse Stiefmutter muss sich in glühenden Schuhen zu Tode tanzen, den missgünstigen Schwestern von Aschenputtel werden in einer Version die Augen ausgepickt, dem Wolf wird der Bauch aufgeschnitten. Sicherlich finden wir in diesen Grausamkeiten Spuren mittelalterlicher Gerichtsbarkeit. Dort waren Strafen, wie wir sie in den Märchen finden, gängige Praxis, die wir zum Glück längst hinter uns gelassen haben.

Dennoch haben Strafen im Märchen eine besondere Funktion: Dem Stilmittel der Polarisierung entspricht im Märchen die harte Bestrafung und vollständige Vernichtung des Bösen, welche im Kontrast zu dem Sieg des Guten steht. Das Kind nimmt dies beruhigt wahr. Es sieht die Bestrafung in einem inneren Zusammenhang mit dem, was zuvor an Bösem getan wurde und die Vernichtung des Bösen gibt ihm Sicherheit, dass dieses nicht wieder irgendwo auftaucht. Die Bestrafung wird als konsequent und in Zusammenhang mit der Tat stehend empfunden. Der brennende Neid der Stiefmutter auf Schneewittchen verzehrt sich schließlich selbst. Hierzu gehört auch, dass das Märchen in Bildern spricht, und das Bild der Hexe im Feuer ist eben auch ein Bild für die Vernichtung des Bösen. Außerdem schützt die Flächenhaftigkeit des Märchens das Kind vor emotionaler Überforderung. Im Märchen fließt kein Blut, es wird nichts dramatisierend ausgemalt.

Zum Thema Grausamkeit im Märchen gehört auch die Angst, die es angeblich erzeugt, so der Vorwurf mancher besorgter Eltern und Pädagogen. Diese meinen es sicher gut, wenn sie den Kindern alles, was Angst machen könnte, ersparen wollen. Doch ein Leben ohne Angst gibt es nicht. Im Gegenteil, die Fähigkeit, Angst zu haben, ist lebensnotwendig, wenn sie im rechten Maß vorhanden ist. Ein Mensch, der ganz ohne Angst durchs Leben geht, würde sicher nicht lange überleben. Sie schützt ihn vor Gefahren, kann ungeahnte Kräfte mobilisieren. Man weiß aus der Psychologie, dass der Mensch mit einer Reihe von Urängsten ausgestattet ist. Dazu gehört die Angst, verlassen zu werden, die Angst vor Verletzung und Vernichtung, die Angst vor der Dunkelheit. Das Thema Angst wird übrigens in dem Märchen der Brüder Grimm „Von einem, der auszog das Fürchten zu lernen" thematisiert.

Ängste nicht wahrzunehmen ist also sicherlich nicht hilfreich, wenn man lernen will, mit ihnen umzugehen. Und gerade die Märchen bieten Hilfe im Umgang mit Ängsten an: Sie ermöglichen dem Kind, seine Angst an konkreten Dingen und Gestalten fest zu machen. Eine solche Gestalt ist z.B. die Hexe in „Hänsel und Gretel". Sie konkretisiert die Angst, vernichtet zu werden. Diese bösen Figuren erzeugen bei einem gesunden Kind nicht die Angst, sondern ermöglichen, unbewusst vorhandene Ängste sichtbar zu machen. Dass die böse Figur immer verliert, sogar vernichtet wird, ist eine Form von kindgerechter Angstbewältigung. Wer genau beobachtet, welche Märchen ein Kind immer wieder hören will, wie es auf bestimmte Stellen reagiert, erfährt Einiges über das, was es bewegt. Doch sollte man nicht in das Kind eindringen, sondern sein Recht auf Intimität, auf Geheimnis respektieren. Nie sollte es gezwungen werden, von sich sprechen zu müssen. Es hat die Möglichkeit indirekt von sich zu erzählen, indem es über das Märchen spricht, eine Rolle im Rollenspiel spielt oder eine bestimmte Szene malt. Wenn ein Kind nach dem Hören eines Märchens Ängste entwickelt, Albträume hat, dann ist das ein Zeichen dafür, dass das Märchen etwas im Kind bereits Schlummerndes berührte, Verborgenes an die Oberfläche brachte. Dann ist das ein Signal für den Erwachsenen, diese Ängste mit dem Kind zu bearbeiten.

Das Märchen hilft also eher bei der Bewältigung von Ängsten, denn stets vermittelt es die Botschaft: „Du kannst und wirst es schaffen". Bruno Bettelheim beklagt in seinem Standardwerk „Kinder brauchen Märchen", dass in unserer Kultur die Neigung besteht, die dunkle Seite des Menschen auszublenden, um so das Leben leichter zu machen. Doch dies funktioniert nicht. Denn ohne mutiges Kämpfen gegen die Widrigkeiten des Lebens kann dieses nicht gelingen. Wie dem Leben bei allen Schwierigkeiten Sinn abzugewinnen ist, zeigen die Märchen (vgl. Bettelheim 1993).

Es versteht sich jedoch von selbst, dass Eltern und Erzieherinnen keinem Kind ein Märchen aufzwingen sollten. Kinder spüren sehr gut, was ihnen gut tut, was sie sich zumuten wollen, und das sollte man respektieren.

b) „Märchen dürfen nicht illustriert sein"

Oft hört und liest man, man dürfe Kindern keine illustrierten Märchenbücher geben. Das zerstöre ihre Fantasie, ihre Fähigkeit, innere Bilder zu beleben. Gewiss dienen Illustrationen sogenannter „Kaufhaus-Bilderbücher" mit ihren stereotypen, klischeehaften Darstellungen nicht gerade einer Entwicklung von Sensibilität für künstlerische Ausdrucksformen. Aber es gibt viele hervorragende Märchenillustrationen, die dem Kind Informationen auf einer anderen Ebene vermitteln und zur Ganzheitlichkeit des Erlebnisses „Märchen" beitragen können. Da künstlerische Darstellungen sehr individuell und unterschiedlich sind, ermutigen sie das Kind, zu den eigenen Vorstellungen zu stehen bzw. solche zu entwickeln. Das Betrachten der Bilder mit einem interessierten Erwachsenen kann zu aufschlussreichen Gesprächen über das im Bild Dargestellte anregen. Die Kinder werden sensibilisiert für den Ausdrucksgehalt von Farben, Formen, Bildkomposition, für die Darstellung von Gefühlen in Mimik und Körpersprache.

Sicher ist es gut, den Kindern ein Märchen zuerst nur zu erzählen, aber warum danach nicht auch Märchenbilder in die Beschäftigung mit einbeziehen? Um innere Bilder entwickeln zu können, müssen erst welche im Gehirn abgespeichert sein, aus denen dann die inneren Bilder komponiert werden. Gespräche über Bilder tragen zur ästhetischen Bildung bei und unterstützen Fantasie und Imagination. Gerade ungewohnte, moderne Darstellungen, die nicht auf den ersten Blick eingängig sind, können zu einer neuen Dimension der Auseinandersetzung mit dem Märchen führen. Als persönliche Auswahl möchte ich Illustrationen von Binette Schröder, Tatjana Richter, Helga Gebert, Lisbeth Zwerger, Nikolaus Heidelbach und Maurice Sendak nennen.

Wissen

Märchen

Märchen als Mittler zwischen verschiedenen Kulturen

In den Märchen aller Völker finden sich gleiche oder ähnliche Themen, Bilder und Symbole. Dies erklärt sich dadurch, dass es sich um Grunderfahrungen des Menschen handelt, die in einer universal verständlichen Bildsprache erzählt werden. Alle Menschen, also auch alle Kinder kennen unabhängig von ihrem kulturellen Hintergrund gewisse Themen wie die

Angst, verlassen zu werden, Angst vor existentiellen Nöten, Sehnsucht nach Geborgenheit, das Bedürfnis aufzubrechen und sich zu bewähren. So können Märchen zu einer Brücke zwischen den Kulturen werden (vgl. Petz 2007, S. 20).

Die formelhafte Sprache, die Wiederholungen in der Struktur, die meist mit sprachlichen Wiederholungen einhergehen, ermöglichen es einem Kind mit einer anderen Muttersprache darüber hinaus auch, das Märchen schnell zu verstehen, vielleicht sogar einzelne Sätze mitsprechen zu können. Es bietet sich an, Märchen aus den Herkunftsländern der Kinder zu sammeln und zu erzählen. Eltern können mit einbezogen werden und ein Märchen in der Sprache ihres Landes erzählen. So erfahren sie und ihre Kinder Wertschätzung: Auch sie haben ein kulturelles Erbe, auch sie können etwas beitragen und sie können etwas, das die deutschsprachigen Kinder und viele Erzieherinnen nicht können: eine weitere Sprache. Man weiß, wie wichtig es für den Zweitspracherwerb ist, dass die Erstsprache gut beherrscht wird. So kann über Märchen beides gefördert werden.

Die Verarbeitung von Märchen kann auf viele Weisen, in vielen der „100 Sprachen des Kindes" – wie es die Reggio-Pädagogik ausdrückt – geschehen. Nicht nur im Rahmen von Gesprächen, sondern in Tanz- und Bewegungsspielen, beim gemeinsamen Singen und Sprechen von Versen, beim Malen und Gestalten können sich auch Kinder einbringen, die des Deutschen noch wenig mächtig sind. In Büchern wie dem „Märchenaktionsbuch" (vgl. Vom Wege/Wessel 2003) findet sich eine Vielzahl von Anregungen.

All die genannten kreativen Umsetzungen unterstützen natürlich auch das deutschsprachige Kind in seiner Sprachentwicklung, eignen sich aber besonders zur Förderung der Kinder mit anderer Muttersprache. In Berlin hat man in einem Projekt Grundschulkinder, die Deutsch nicht als Muttersprache haben, sprachlich gefördert, indem ihnen regelmäßig Märchen erzählt wurden, und zwar von professionellen Erzählern. Diese Kinder zeigten eine wesentlich bessere Sprachentwicklung als die Kontrollgruppe, die diese Förderung nicht erfuhr.

Wie man das passende Märchen findet

Praxis
Märchen

Hier geht es nicht um Qualitätskriterien. Märchen, zumindest Volksmärchen, entziehen sich dieser Frage. Es geht nur darum, welches Märchen ausgewählt wird. Einige Leitfragen können bei der Auswahl helfen (vgl. Diergarten/Smeets 1996).

Leitfragen zur Auswahl von Märchen

- Finde ich selbst als Erzähler einen Zugang zu dem Märchen?
- Beschäftigen die Themen des Märchens meine Zielgruppe?
- Passt die Länge und Struktur des Märchens zum Entwicklungsstand der Kinder?
- Passt das Märchen zur Jahreszeit?

Wie das Märchen zum Kind kommt: So gelingt eine Märchenstunde

a) Erzählen oder Vorlesen?

Einem Kind ein Märchen erzählen bedeutet ihm Zeit und Zuwendung schenken, ihm Nahrung für Geist und Seele geben. Am schönsten wäre es, dies kontinuierlich zu tun. Dann braucht daraus kein Event zu werden, es muss nicht in ein Projekt münden und doch kann es fest im Alltag verwurzelt sein und dort seine Spuren hinterlassen: am Maltisch, im Rollenspiel, im Gesprächskreis, in Liedern und Versen.

Natürlich können Märchen auch im Zentrum eines Projekts stehen. Eine Märchenstunde kann ein Angebot bei einem Fest sein, Märchen können bewusst als Grundlage für die Inszenierung eines Theaterstücks und als Folie für Rollenspiele und Jeux dramatiques genutzt werden. Im Mittelpunkt steht die Vermittlung des Märchens durch Erzählen. Und da streiten sich die Experten: Muss ich wörtlich erzählen, darf ich in meinen Worten erzählen, darf ich vielleicht sogar vorlesen, soll ich beim Erzählen Mimik, Gestik und Stimme einsetzen, kann ich ein wenig Theater spielen? Wie immer gibt es „Schulen", die nur eine, nämlich ihre Auffassung gelten lassen.

Sicher ist das freie Erzählen dem Vorlesen vorzuziehen, denn dann steht nichts zwischen Erzähler und Zuhörer. Der Erzähler kann aufmerksamer die Reaktion seiner Zuhörer wahrnehmen und sie einbeziehen, kann Blickkontakt herstellen und selbst intensiver in das Märchen eintauchen. Doch wer sich dies nicht zutraut, der nehme eben ein Märchenbuch auf den Schoß und lese vor. Aber eines muss auch der „Vorleser" tun: sich zuvor intensiv mit dem Märchen und seinen Bildern beschäftigen, es in sich aufnehmen, damit er nicht am Text klebt, beim Vorlesen eventuell stolpert und unsicher wird.

Vor allem dürfen Märchen nicht in didaktischer Absicht mit dem „pädagogischen Zeigefinger" erzählt und dem Kind „erklärt" werden. Das Kind soll selbst intuitiv das aufnehmen können, was es gerade braucht. Es ist jedoch wichtig, als Erzähler die Bedeutung des Märchens bzw. die Märchenbotschaft zu kennen, die das Kind (vor-)bewusst aufnimmt. Denn somit ist der Erwachsene besser fähig, die Märchen entsprechend dem Entwicklungsstand des Kindes auszuwählen (vgl. Bettelheim 1993).

Egal ob man frei erzählt oder vorliest, meistens wird man feststellen, dass die Kinder auf genauen Wortlaut bestehen, dass sie den Erzähler korrigieren, wenn er etwas auslässt oder anders formuliert. Übrigens ist es gar nicht so schwer, frei zu erzählen. Wer selbst viele Märchen liest und hört, prägt sich leicht die typischen Wendungen ein und vor allem die Bilder. Hilfreich ist es, sich z.B. die Stationen auf dem Weg, den der Held zurücklegt, zu vergegenwärtigen, sich innere Bilder davon zu machen, oder sich in die Figuren hineinzuversetzen, zu sehen, hören, fühlen, was sie erleben. Mit ein wenig Übung braucht man dann nur noch die Bilder, die bereits im Kopf sind, zu beschreiben, und schon ist man mitten im freien Erzählen. Auch für das freie Erzählen gelten die Tipps für gutes Vorlesen und freies Erzählen, die Sie unter „Geschichten" (siehe S. 78–81) nachlesen können.

b) Gestaltung einer Märchenstunde: Einige Anregungen

Der Raum
Der Raum spielt eine wichtige Rolle: Er soll gemütlich und ruhig sein. Eine brennende Kerze, ein paar schöne Tücher, ein mit den Kindern gestalteter Märchenteppich schaffen eine Atmosphäre, in der Märchen besser aufgenommen werden können.

Die Einstimmung auf das Märchen
Die Erzieherin kann die Kinder abholen und ins Märchenland führen: Wenn kontinuierlich Märchen erzählt werden, ist es sinnvoll, ein Ritual einzuführen. Dies soll die Kinder auf das Märchen einstimmen. Ganz gleich, ob die Kinder mit einem Märchenzug abgeholt werden oder eine Märchenschlange bilden, an die sich alle hängen, die Märchen hören wollen: Die Kinder sollen abgeholt werden aus ihrer Alltagswelt. Um in die Märchenwelt zu gelangen, gehen sie durch ein besonderes Tor oder steigen durch einen vergoldeten Reifen. Und wenn sie dann im Märchenland sind, wissen sie, dass es hier um Dinge geht, die es in ihrem realen Leben nicht gibt, dass es aufregend und gefährlich wird, dass aber alles glücklich endet.

Der Erzähler hilft den Kindern, langsam ruhig zu werden und sich auf das Märchen zu konzentrieren: Die Kinder wissen, dass sie jetzt gleich dem Märchen lauschen werden. Und Lauschen setzt Stille voraus. Ein Lied, ein Gedicht oder ein Rätsel hilft den Kindern, sich zu konzentrieren und ruhig zu werden. In der Mitte liegt evtl. schon ein Gegenstand, der mit dem Märchen zu tun hat. Vielleicht haben die Kinder zuvor Naturmaterialien gesammelt, die nun in der Mitte liegen. Damit kommen sie innerlich bereits in Kontakt mit Dingen, die dann im Märchen eine Rolle spielen. Auch eine Kerze kann in der Mitte stehen. Die Hauptsache ist, dass sich der Blick der Kinder auf diese Mitte richtet, denn das ist schon ein erster Schritt zur Konzentration.

Kurz vor dem Beginn des Märchens schließen die Kinder vielleicht die Augen, während ein Glockenton oder ein mit der Klangschale erzeugter Ton erklingt. Ist er verklungen, sind alle ruhig und das Märchen beginnt.

Das Erzählen des Märchens

Wie erzählt wird, hängt sehr von der Persönlichkeit der Erzählerin und den Bedürfnissen der Kinder ab. Es ist wichtig, seinen eigenen Erzählstil zu finden und so versteht es sich von selbst, dass die einen eher ruhig, die anderen lebhafter erzählen. Gerade bei Märchen sollte man aber seine theatralischen Fähigkeiten nicht allzu sehr einsetzen. Angst erregende Stellen sollten nicht zusätzlich dramatisiert werden. Aber auch das kann nicht verallgemeinert werden. Manche, meist schon etwas ältere Kinder lieben es sich gruseln zu können, zeigen so ihren Mut, ihre Coolness. Da kann der Erzähler dann schon eher „in die Vollen" gehen und alles, was ihm an theatralischen Mitteln zur Verfügung steht (Stimme, Mimik, Gestik), einsetzen.

Wichtig ist, während des Erzählens Blickkontakt zu den Kindern zu haben, sie und ihre Reaktionen zu beobachten. So kann man schnell reagieren, wenn man merkt, dass Kinder Angst bekommen oder beginnen, unruhig zu werden

Abschluss der Märchenstunde

Nach dem Märchen können die Kinder das Gehörte ausklingen lassen. Wenn sie das Bedürfnis haben, etwas zu sagen, dann dürfen sie dies, sie sollen aber nicht dazu gedrängt werden. Fragen und Impulse sollen dem Kind viel Freiraum lassen.

Märchen dürfen nicht gedeutet und für bestimmte pädagogische Zwecke instrumentalisiert werden – was aber nicht heißt, dass sich die Kinder keine Gedanken über das Märchen machen und diese miteinander austauschen können.

Die Kinder verlassen das Märchenland

Die Kinder verlassen das Märchenland so, wie sie es betreten haben. Das Tor zum Märchenland wird geschlossen, damit keine Hexen oder Kobolde durchschlüpfen können.

Das Märchen lebt im Alltag weiter

Gerne setzen sich Kinder kreativ mit dem Märchen auseinander. Hier ist alles möglich: malen, mit Ton arbeiten, Collagen, Lieder, Rätsel, Gedichte, Tänze, Rollenspiele, Theateraufführungen, Pantomime und Handpuppenspiele sowie Jeux dramatiques. Eine Fülle von Anregungen findet sich im bereits genannten „Märchenaktionsbuch" (vgl. Vom Wege/Wessel 2003) und in „Märchenhafte Wirklichkeiten" von Helga Zitzlsperger (vgl. Zitzlsperger 2007).

Natürlich können Märchenstunden auch ganz anders aussehen. Besonders größeren Kindern, die schon viele Märchen kennen, macht es Spaß, wenn sie beim Erzählen mitmachen können. Dabei kann mit den Inhalten gespielt werden, es können Märchen vermischt werden. Man kann auch bewusst ein Märchen falsch erzählen und die Kinder korrigieren dieses. Für die Gestaltung einer Märchenstunde kann die folgende Checkliste verwendet werden:

> **Checkliste für die Gestaltung einer Märchenstunde**
> ❑ Wie bereite ich den Raum vor?
> ❑ Wie hole ich die Kinder ins Märchenland?
> ❑ Wie helfe ich ihnen, ruhig zu werden?
> ❑ Wie führe ich zum Märchen hin?
> ❑ Wie erzähle ich das Märchen?
> ❑ Wie führe ich die Kinder aus dem Märchenland heraus?
> ❑ Wie kann ich das Märchen vertiefen?

Kinderreime und Kinderlyrik

Was in einem Gedicht wie „Die Tulpe" steckt

Die Tulpe

Dunkel
war alles und Nacht.
In der Erde tief,
die Zwiebel schlief,
die braune.

Was ist das für ein Gemunkel,
was ist das für ein Geraune,
dachte die Zwiebel,
plötzlich erwacht.

Was singen die Vögel da droben
und jauchzen und toben?

Von Neugier gepackt,
hat die Zwiebel
einen langen Hals gemacht
und um sich geblickt
mit einem hübschen
Tulpengesicht.

Da hat ihr der Frühling
entgegengelacht.

Josef Guggenmos

In welchen Bildungs- und Entwicklungsbereichen werden Kinder durch das Gedicht: „Die Tulpe" gefördert?

Denken
Dieses kleine Gedicht vermittelt den Kindern Wissen auf ganzheitliche Weise: Sie erfahren, dass die Tulpe sich aus der Zwiebel entwickelt, dass die Zwiebel in der Erde ruhen muss, bis sie dann im Frühling wächst und sich zur Blüte entfaltet.

Gefühl, Mitgefühl
Doch mit diesem Gedicht wird nicht nur auf kognitiver Ebene Wissen vermittelt. Die Tulpe wird vermenschlicht und dadurch können sich die Kinder mit ihr identifizieren: Sie leben und fühlen mit ihr mit. Dies unterstützt ihre Empathiefähigkeit.

Körper
Dieses Gedicht bietet sich geradezu an, es in Bewegung umzusetzen. Zuerst machen sich die Kinder ganz klein: Sie sind die Zwiebeln, ruhen in sich. Langsam erwachen sie, schauen nach oben, spitzen die Ohren, recken und strecken sich, bis sie als Tulpen mit bunten Tüchern einen fröhlichen Frühlingstanz tanzen.

Sinn/Werte/Religion
Die Entwicklung von der Zwiebel zur Tulpe ist zugleich ein Bild für die Entwicklung des Kindes. Es wird ihm vermittelt, dass es schön ist, zu wachsen und groß zu werden, dass es sich lohnt „einen langen Hals zu machen" und um sich zu blicken, also neugierig in die Welt zu gehen. Hier geht es sowohl um Entwicklung/Reifung als auch um Werte: Es lohnt sich, sich auf das Leben einzulassen.

Sinne
Die Sinne werden indirekt angesprochen: Wie fühlt es sich an, tief in der Erde zu liegen? Das Hören wird vor allem in der zweiten Strophe stimuliert. Dann erst kommt das Sehen. Hier wird auch die Vorstellungskraft gefördert: Wie sieht der lachende Frühling aus?

Sprache

All dies ist nur durch die kunstvolle Sprache des Gedichts möglich. Die erste Strophe könnte man, wenn man sie umrahmte, leicht in eine Zwiebelform bringen. In der zweiten Strophe beschleunigt sich der Rhythmus. Die Wörter „Gemunkel" und „Geraune" haben etwas Geheimnisvolles an sich und die drei Fragen lassen Spannung aufkommen. Der Höhepunkt liegt beim Jauchzen und Toben. Melodie und den Rhythmus zeigen hier auch einen starken Kontrast zur Stille und Unbeweglichkeit in der ersten Strophe.

In der dritten Strophe spiegelt die Sprache geradezu das Wachsen der Tulpe. Der Vers, in dem die Tulpe einen langen Hals macht, ist einer der Längsten im ganzen Gedicht. Und alles mündet in den letzten Vers, an dessen Ende das Wort „entgegengelacht" steht. So erleben die Kinder, was Sprache alles sein und vermitteln kann. Schnell werden sie die Zeilen auswendig können.

Was ist eigentlich Kinderlyrik?

Grundsätzlich gilt für Kinderlyrik dasselbe wie für Erwachsenenlyrik. Ein Gedicht kann „Raum und Zeit und Ereignisse zusammenziehen und unsere Wahrnehmungen und Empfindungen verdichten. Und weil in ihm so viel passiert, macht es die Welt ereignisreicher, größer." (Berner/Jacoby 1999, S.9)

Kindergedichte leben von den gleichen Darstellungsmitteln wie die der „Großen": Rhythmus und Reim, Lautmalerei, bildhafte Sprache. Das ist es, was den Charme eines Gedichts ausmacht. Das Wort Charme (lat. „carmen") bedeutet im Französischen Zauber, aber ursprünglich bedeutete es Lied oder eben Gedicht, denn in frühen Zeiten wurden Gedichte gesungen. Und so sind Gedichte bis heute die musikalischste Form von Sprache.

Kindergedichte sind oft wie ein Schlüssel, der Türen öffnet. Türen zur Welt und ganz besonders natürlich die Tür zur Sprache. Hans Magnus Enzensberger, der alte Kinderreime gesammelt und veröffentlicht hat, schreibt im Nachwort zu seinem Buch „Allerleirauh": „Ein guter Reim ist immer zu gebrauchen, er enthält eine Entdeckung, mag sie im Gesumm der Wörter, im Aufglänzen der Sprache, im Rhythmus oder in der Anschauung liegen. [...] Gut ist, was dem Kind Welt als Sprache zuträgt und kenntlich macht: jede Silbe eine Überraschung, ein winziges Wunder." (Enzensberger 1972, S. 359)

Was gehört aber nun alles zu Kinderlyrik? Kinderlyrik gibt es in den unterschiedlichsten Formen. „Schlaf, Kindlein, schlaf", „Hoppe, hoppe Reiter", „Backe, backe Kuchen", „ABC, die Katze lief im Schnee" gehören ebenso dazu wie kleine Sprachkunstwerke, z.B. das berühmte „Feuergedicht" von James Krüss oder auch ein nachdenklich-philosophischer Text von Erich Fried. Das „Feuergedicht" spielt mit den Lauten und Worten. Spielerisch wird aus den Worten das Feuer selbst in all seinen Facetten herauf beschworen. Erich Fried spielt ebenfalls mit der Sprache, trotzdem haftet dem Gedicht nichts Spielerisches an. Es sind zwei Gedichte, die auf sehr verschiedene Weise Sprache einsetzen.

Humorlos

Die Jungen
werfen
zum Spaß
mit Steinen
nach Fröschen.
Die Frösche
sterben
im Ernst.

Erich Fried

Wissen

Kinderreime/ Kinderlyrik

Das Feuer

Hörst du, wie die Flammen flüstern,
knicken, knacken, krachen, knistern,
wie das Feuer rauscht und saust,
brodelt, brutzelt, brennt und braust?

Siehst du, wie die Flammen lecken,
züngeln und die Zunge blecken,
wie das Feuer tanzt und zuckt,
trockne Hölzer schlingt und schluckt?

Riechst du, wie die Flammen rauchen,
brenzlig, brutzlig, brandig schmauchen,
wie das Feuer, rot und schwarz,
duftet, schmeckt nach Pech und Harz?

Fühlst du, wie die Flammen schwärmen,
Glut aushauchen, wohlig wärmen,
wie das Feuer, flackrig wild,
dich in warme Wellen hüllt?

Hörst du, wie es leiser knackt?
Siehst du, wie es matter flackt?
Riechst du, wie der Rauch verzieht?
Fühlst du, wie die Wärme flieht?

Kleiner wird der Feuerbraus:
Ein leises Knistern,
ein feines Flüstern,
ein schwaches Züngeln,
ein dünnes Ringeln –
aus.

James Krüss

Herkunft und Entstehungsgeschichte der Kinderlyrik

Worin liegt nun der Unterschied zwischen den erst genannten Reimen wie „Schlaf, Kindlein, schlaf" und den drei Gedichten „Die Tulpe", „Humorlos" und „Das Feuer"? Erstere gehören zur sogenannten Kindervolkslyrik, letztere werden der Kinderkunstlyrik zugeordnet.

Die Unterschiedlichkeit dieser verschiedenen Formen der Kinderlyrik wird auch deutlich, wenn ein Blick auf die Herkunft und Entstehungsgeschichte von Kinderlyrik (vgl. Lorbe/Haas, 1984) geworfen wird.

Kinderkunstlyrik

Unter diesem Begriff verstehen wir im Allgemeinen Reime, die bewusst von Erwachsenen für Kinder verfasst wurden. Gelingt es dem Verfasser, mit der Wahl des Themas die Kinder zu faszinieren und statt den moralischen Zeigefinger zu erheben, den kindlichen Humor zu treffen, dann sind gute Vorbedingungen gegeben, dass ein Gedicht zu einem Kindervolkslied werden kann.

Ein Beispiel für eine solche Entwicklung ist „Häslein in der Grube".

Kindervolkslyrik

Schwieriger zu ergründen ist die Herkunft der Kindervolkslyrik, oft einfach Kinderreim genannt. Viele der heute noch verbreiteten Kinderlieder reichen auf das Erwachsenen-Kunstlied zurück, und zwar meist auf die Kunstballade. Solche Lieder wurden rasch Allgemeingut, das mündlich weitergegeben wurde.

Durch die mündliche Überlieferung kam es zu Veränderungen (z.B. Hörfehler, Gedächtnislücken). Dadurch entstanden oft Gebilde, die völlig sinnfrei nur noch einzelne Motive verknüpfen. So kommt es zu weit verbreiteten, bekannten Texten wie dem Folgenden:

> *Rote Kirschen ess ich gern, schwarze noch viel lieber,*
> *In die Kirche geh ich gern, alle Tage wieder.*
> *Hier wird Platz gemacht für die jungen Damen.*
> *Saß ein Kuckuck auf dem Dach, hat der Regen nass gemacht.*
> *Kommt der liebe Sonnenschein, diese Liese soll es sein.*
>
> überliefert

Wissen

Kinderreime/ Kinderlyrik

Kinder stören sich nicht an der scheinbaren Zusammenhanglosigkeit der Motive, für sie zählen der Rhythmus und der Reim. Dabei regen die Motive die Fantasie an. Oft haben auch Erwachsene und/oder Kinder bewusst Lieder und Gedichte umgeformt, z.B. in Form von **Parodien**.

Solche Parodien auf klassische Gedichte, Schlager, Volkslieder Opernarien usw. sind besonders bei Schulkindern sehr beliebt (z.B. „Von den blauen Bergen kommen wir, unser Lehrer ist genauso dumm wie wir ...").

Erwachsenenvolkslieder enthalten oft alte Segens- und Beschwörungsformeln. Sie wurden zu bestimmten Anlässen und gewissen Arbeiten gesungen. Auch diese entwickelten sich oft zu Kinderliedern. Rhythmus und Wiederholungen sind hier besonders kennzeichnend. Beispiele sind „Heile, heile Segen ..." oder „Ist die schwarze Köchin da ...".

Es bleibt noch ein letzter Entstehungsbereich: Der Reim der Kinder selbst. Hier handelt es sich meist um Abzählverse, Neckverse und Wortkunststücke.

Was Kinderlyrik zur Entwicklung und Bildung beiträgt

Es gibt kaum einen Artikel über Sprachförderung, keinen Bildungsplan, kein Buch über Literacy-Erziehung, in dem nicht die Bedeutung von Kinderreimen und Kindergedichten hervorgehoben wird. Dazu schreibt Sylvia Näger, Diplom-Medienpädagogin: „In unserer Sprache entsteht der Sprechrhythmus aus langen und kurzen Vokalen, aus betonten und unbetonten Silben. Melodie, Rhythmus und Akzentuierung sind die Klangmerkmale der deutschen Sprache. Diese Klangmerkmale können kaum besser als mit Fingerspielen und Reimen, durch Spielverse, Spiellieder und Gedichte vermittelt werden." (Näger 2005, S. 29) Und der Engländer Marian R. Whitehead schreibt:

„Es wird inzwischen immer deutlicher und ist auch gut dokumentiert, dass der Erfolg sehr junger Kinder beim Lesen zum Teil mit ihrer frühen Kenntnis von Kinderreimen und Kinderliedern und ihrer Empfänglichkeit für Reime und poetische Lautwiederholungen in ihrer Sprache zu tun hat [...]. Diese Kenntnis bezeichnet man heutzutage als frühkindliche phonologische Bewusstheit. Wenn die Anfangslaute von aufeinander folgenden Wörtern gleich klingen, nennt man das eine Alliteration. Sich wiederholende und ähnlich klingende Wortenden nennt man Reime. Bei vielen Grundschülern, die schlecht lesen können, fällt auf, dass sie kaum ein ‚Ohr' für Reime und Anfangslaute von Wörtern haben [...]. Wir müssen [...] das Interesse junger Kinder an Sprache, Lauten, Nonsens und Wortspielen fördern." (Whitehead 2007, S. 48)

Lyrik zeichnet sich im Allgemeinen und Kinderlyrik im Besonderen durch Rhythmus, Bewegung und Spiel mit Lauten aus. Wahrnehmung (insbesondere Hören) und Bewegung gehören zu den Grundvoraussetzungen des Spracherwerbs. Kinderlyrik fördert genau beides, aber nicht nur das: Auch die sozial-emotionalen Voraussetzungen für den Spracherwerb wie Kontakt mit anderen Menschen, Wärme und Zuwendung sind gegeben. Wenn der Erwachsene bspw. mit seinen Fingern den Arm des Kindes „hochkrabbelt" und dazu den Reim spricht: „Kommt ein Bär von Konstanz her, ein brauner und ein weißer, will das Kindlein beißen" und das Kind dann als

Wissen

*Kinderreime/
Kinderlyrik*

Überraschungseffekt leicht zwickt, entsteht Körperkontakt und es erfolgt eine Aktivierung des Tastsinnes. Hier gibt es Zuwendung, Freude und Spiel verbunden mit Worten, Rhythmus, Reim, Berührung und Bewegung. Das gilt für Kniereiter wie für Fingerspiele, für Schlaf- und Trostlieder. Kinderreime, Spiellieder, Abzählverse, Zungenbrecher, die man um die Wette aufsagt sowie gereimte Rätsel und Spottlieder, die man sich gemeinsam ausdenkt, bringen nicht nur Kinder und Erwachsene, sondern auch Kinder untereinander in Kontakt.

Auch die kognitive Entwicklung wird stimuliert. Gereimtes lässt sich besonders leicht merken, Wiederholungen festigen das Gelernte, stärken also das Gedächtnis. So erweitern die Kinder ihren Wortschatz spielerisch, denken sich immer neue Reimwörter, neue Kombinationen aus. In vielen Kinderreimen werden kleine Geschichten erzählt, sodass die Kinder den Sinn einer sprachlichen Äußerung verstehen lernen. In den zum Teil anspruchsvollen Gedichten namhafter Schriftsteller werden Kinder zum Nachdenken angeregt. Wenn Sie sich nun den Sprachbaum in Erinnerung rufen, werden Sie feststellen, dass mit Kinderlyrik alle Bedingungen für den Spracherwerb gegeben sind und Sprache mit dieser somit ganzheitlich gefördert werden kann.

Reime für die ersten Lebensjahre

Wenn die Bezugsperson das Kind beim Wickeln vor sich liegen hat und rhythmisch sagt: „Ohrenstippchen – Nasenstippchen – Augenbrauchen – zupp zupp Härchen", dann schenkt sie ihm Zuwendung, regt sein Hörverständnis an, entwickelt sein Gefühl für Rhythmus und Bewegung. Und sie schafft, wenn sie das Kind dabei berührt, eine Beziehung zwischen dem benannten Körperteil und dem passenden Wort. Diese **Krabbelverse** sind wohl die erste Form von Literatur, mit der das Kind in Berührung kommt. Ähnliches geschieht bei **Kniereitern**, **Fingerspielen** sowie **Schlaf- und Trostliedern**. Überall erfährt das Kind Zuwendung, Berührung, Bewegung, Anregung seiner Sinne und Sprache. Ganz besonders wird dies bei den Fingerspielen deutlich, denn hier stehen Spaß an der Sprache und Bewegung im Zentrum. Mit ihnen kommt das Kind wohl zum ersten Mal in Berührung mit Theater und Rollenspiel. Ganz nebenbei werden die Feinmotorik sowie die Hand-Auge-Koordination unterstützt – also *die* Bereiche, die für das Schreiben lernen Voraussetzung sind.

Neue Erkenntnisse aus der Hirnforschung belegen, wie wichtig die Verbindung von Sprache und Bewegung bzw. Körperwahrnehmung sowie insbesondere von Sprache und Handbewegungen für das Verstehen und Begreifen ist. Die Pädagogin Helga Zitzlsperger untersucht diese Zusammenhänge. In der heutigen, von modernen Medien dominierten Welt werden bei vielen Kindern nur noch der visuelle und der auditive Sinn angesprochen. „Eigene, zielgesteuerte Bewegungsgestaltungen mit räumlicher Erfahrung und ihrer Integration mit dem Taktilen, Visuellen und Akustischen drohen vernachlässigt zu werden. Handbewegungen reduzieren sich häufig – grob formuliert – auf die Anschlagsmotorik des Tippens, An- und Ausschaltens. Dabei sind doch Wahrnehmungsintegrationen für eine körperliche und geistige Entwicklung, für Psyche und Aufmerksamkeit, für die Sprachentwicklung und ein Eigen- und Ichgefühl so elementar wichtig!" (Zitzlsperger 2002, S. 155)

Welchen Stellenwert gerade Finger- und Bewegungsspiele für die Entwicklung des Kindes haben, zeigt folgende Passage: „Fingerspiele usw. setzen sinnigerweise bei den Handflächen mit Streichelversen an und machen bei Abzähl- und Nennversen weiter, um ein Bewusstsein der Ausgliederungsfähigkeit jedes einzelnen Fingers aus dem Fingerverband vorzubereiten. Sie forcieren Fingerbewegungen, bei denen der Daumen in Opposition zur Hand steht und den Pinzettengriff ermöglicht. [...] Schließlich lernen die Kinder, über Mimik, Gestik und Gebärden und mit oder ohne sprachliche Begleitung, ihren Körper in verschiedener Weise einzusetzen." (Zitzlsperger 2002, S. 167) Und wie alle Reimspiele, die Erwachsene mit Kindern spielen, sind sie auch ein wunderbares Mittel, Kinder zu beruhigen und abzulenken, wenn sie beim Warten, z.B. auf einer langen Fahrt ungeduldig werden. Oder wenn ein Kind wütend und bockig ist, wartet es manchmal nur darauf, aus seiner Schmollecke herausgeholt zu werden. Das geht nicht immer mit vernünftigen Erklärungen, aber ein alter Vers wie „Ilse Bilse, niemand willse. Kam der Koch, nahm sie doch, weil sie so gut nach Zwiebeln roch" kann Wunder wirken.

Verse wie „Heile, heile Segen ..." wirken beruhigend auf Kinder. Positive Emotionen werden geweckt und die Empathiefähigkeit unterstützt, wenn es bei „Häschen in der Grube" erst traurig zusammengekauert in der Grube sitzt und sich dann mit einem Sprung befreit und freudig hüpft. So verbinden sich Worte, Klang und Bewegung mit Gefühlen. Bei Reimen wie „Backe, backe Kuchen" oder „Wer will fleißige Handwerker sehen?" wird dem Kind spielerisch und wieder in Verbindung mit Rhythmus, Bewegung und Reim Wissen vermittelt.

Reime für Vorschulkinder

Werden die Kinder älter, werden sie zunehmend selbst Schöpfer und Gestalter von Kinderreimen. So lernen sie spielend das ABC, üben die Sprechfertigkeit mit **Zungenbrechern**, trainieren ihren Geist mit lustigen **Rätseln**, durchbrechen Tabus in unanständigen **Abzählversen** oder **Fangfragen** wie „Sag mal Klettergerüst! – Du hast ne nackte Frau geküsst!". Sie machen sich lustig über Autoritätspersonen, wie über den Lehrer aus „Von den blauen Bergen kommen wir ...", der mit der Brille auf der Nase wie ein Osterhase aussieht. Sie verwenden Spiellieder, versuchen die Welt auf den Kopf zu stellen, wenn ein „... totgeschossner Hase auf der Sandbank Schlittschuh läuft". Um solche Verse zu lernen, zu erfinden und zu sprechen, muss man schon genau wissen, wie die Dinge eigentlich sind, um sie dann verdrehen zu können.

In **Balladen** gibt es spannende Geschichten zu hören, die den Kindern zeigen, wie es zugeht auf der Welt. Lesen Sie noch einmal die Ballade vom „Herrn von Ribbeck auf Ribbeck im Havelland" von Theodor Fontane. Erfährt ein Kind da nicht moralische Bildung, wird ihm hier nicht auf anschaulichste und auch noch spannende Weise vermittelt, was ethisches Handeln ist und wie man das Böse (hier den Geiz des Nachfolgers) überlistet? Und wenn man Märchen schon gut kennt, macht es Spaß, mit ihnen zu spielen. Von Michael Ende stammt folgende Version von Hänsel und Gretel:

Ein sehr kurzes Märchen

Hänsel und Knödel,
die gingen in den Wald.
Nach längerem Getrödel,
rief Hänsel plötzlich: „Halt".

Ihr alle kennt die Fabel,
des Schicksals dunklen Lauf:
Der Hänsel nahm die Gabel
und aß den Knödel auf.

Michael Ende

Sprachspiele

Wissen
Kinderreime/Kinderlyrik

Im Grunde sind alle Gedichte Spiele mit der Sprache. Gespielt wird mit Lauten, Silben, Wörtern, Bedeutungen, Klängen und Rhythmen. Jedes dieser Spiele schärft die Wahrnehmung für das Element, mit dem gespielt wird, und erhöht so die entsprechende Kompetenz des Kindes: z.B. die Silben zu unterscheiden oder Laute im Sprachfluss zu identifizieren. Dies entspricht der phonologischen Bewusstheit, deren Entwicklung im Mittelpunkt verschiedener Sprachförderprogramme wie z.B. dem „Würzburger Trainingsprogramm" steht. Ein Kind, das „ottos mops", das Kultgedicht von Ernst Jandl, kennt, wird vielleicht eine ganz neue Beziehung zu dem Laut O entwickeln.

ottos mops

ottos mops trotzt
otto: fort mops fort
ottos mops hopst fort
otto: soso

otto holt koks
otto holt obst
otto horcht
otto: mops mops
otto hofft

ottos mops klopft
otto: komm mops komm
ottos mops kommt
ottos mops kotzt
otto: ogottogott

Ernst Jandl

Gespielt wird mit dem O in allen Varianten: als Anlaut, Endlaut, Zwischenlaut – und in allen Klangfarben. Aber es passiert noch viel mehr: Das Kind erlebt ein kleines Drama, eine Geschichte, wie sie sich unzählige Male zwischen Mutter bzw. Vater und Kind abspielt. Und wie tröstlich: Der wütende Otto (Erwachsener), der den armen Mops (Kind) aus dem Zimmer weist, ist mit dieser Bestrafung selbst ganz unglücklich, sehnt nur die Versöhnung herbei. Er schafft es aber nicht gleich, den ersten Schritt zu tun. Und dann, als schon wieder fast alles gut ist, passiert ein Unglück. Aber jetzt kann Otto beim besten Willen nicht böse sein und schon wieder bestrafen.

Nonsensgedichte und **Reimspiele** schärfen das Gehör für Klänge und eröffnen einen breiten Raum für Assoziationen und Experimente. Probieren Sie einmal Echo-Spiele mit den Kindern aus, wie:

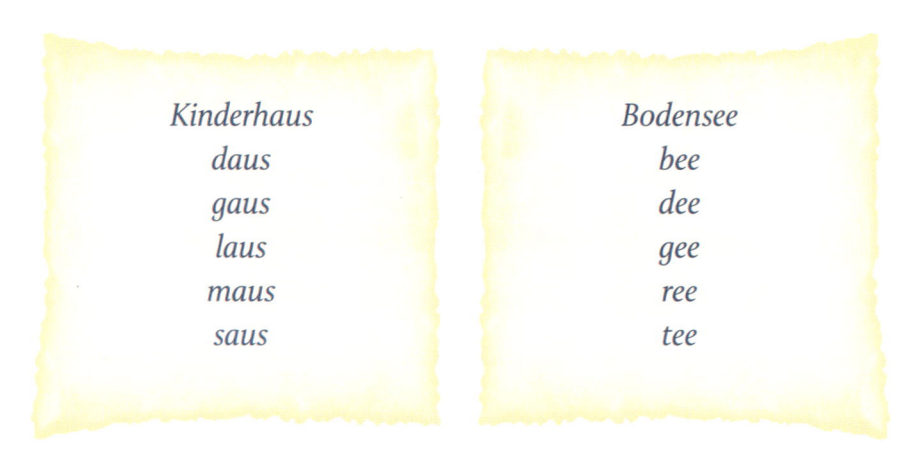

Kinderhaus
daus
gaus
laus
maus
saus

Bodensee
bee
dee
gee
ree
tee

Dieses Beispiel regt auch dazu an, sich mit den Kindern auf die Suche nach „Wörtern, die es gibt" zu machen und darüber zu fantasieren, was die anderen bedeuten könnten. Sprachspiele sind oft frei von jeder Bedeutung und unterstützen die kindliche Wahrnehmung und Sensibilität für die Informationen, die indirekt über Betonung, Lautstärke, Rhythmus, also über die prosodischen Elemente, ausgedrückt werden.

Sprechen Sie folgendes Sprachspiel mit verschiedenen Betonungen, in verschiedenen Lautstärken und Geschwindigkeiten:

> *Ong drong dreoka,*
> *lambo lembo seoka,*
> *seoka di tschipperi,*
> *tschipperi di kollibri,*
> *ong donk dreoka.*
>
> überliefert

Wissen
Kinderreime/ Kinderlyrik

Jedes Mal entsteht eine andere Geschichte, die sich durch die prosodischen Elemente erzählt. Sich präzise ausdrücken zu können, die tiefere Bedeutung der Wörter zu erkennen, assoziieren zu können sind wichtige Fähigkeiten.

Im Sprachspiel werden dem Kind die vielfältigen Möglichkeiten von Sprache bewusst. Es lernt, sie kreativ zu gebrauchen. Es lernt die Spielregeln kennen und verändern, es kann die Schönheiten von Worten entdecken und sich an Sprachwitz – bis hin zur Ironie, Satire, Parodie – erfreuen. Dabei entwickelt es Kreativität beim Verstehen sowie beim eigenen Schaffen: Kreativität des Verstehens und Deutens (Interpretierens) in der Beschäftigung mit den Texten, Kreativität des Schaffens im Inszenieren poetischer Texte und Herstellen ähnlicher Texte. Schließlich können Kinder auf diesem Weg auch lernen, sich schöpferisch zu verhalten. Sie können sich die Welt anders vorstellen als sie ist, diese Vorstellungen artikulieren und vielleicht sogar Mut fassen, andere Wege zu gehen, anders zu denken und zu handeln.

Kindergedichte öffnen Türen zur Natur

Schützen werde ich nur, was mir am Herzen liegt, wozu ich eine Beziehung habe, was ich liebe. Es gilt, ein behutsames Verhältnis zur Natur aufzubauen. Dies geschieht durch die direkte Berührung und die positive Erfahrung mit ihr. Das vertiefte Wissen über sie trägt dazu bei. Aber auch die Poesie kann den Zugang zu ihr öffnen und eine positive Beziehung zu ihr fördern.

Wenn wir mit den Kindern in der Natur waren und sie Gelegenheit hatten, Naturerfahrungen zu machen, also zu sehen, zu hören, zu riechen, zu schmecken, zu fühlen, dann können Gedichte helfen, diese Erfahrungen zu vertiefen. Reiner Kunze schreibt, dass Gedichte „Fassungen" für Gefühle seien. Manches, was man zuvor gespürt hat, aber nicht ausdrücken konnte, nimmt im Gedicht Gestalt an, bleibt im Gedächtnis. Durch anschauliche Beschreibungen von Sinneserfahrungen in Gedichten kann indirekt die Wahrnehmung angesprochen, erinnert und unterstützt werden. Beim Lesen kann man sehen, hören, riechen.

Wenn Kinder Gedichte wie „Die Tulpe" oder „Der Kastanienbaum" von Josef Guggenmos hören, können sie eine emotionale Beziehung zu diesen Pflanzen aufbauen und sie achtsamer wahrnehmen.

Der Kastanienbaum

Der Kastanienbaum
hat Knospen,
dick, klebrig und braun.
Jede Knospe ist eine Faust,
da drin
hält er verborgen ein Ding.

Zieht der Mai ins Land,
tut er auf jede Hand.
Was kommt da heraus?
Ein Blätterzweig,
und manchmal sogar
ein ganz herrlicher Blütenstrauß.

Josef Guggenmos

Die vielen Bilder und Vergleiche in diesem Gedicht vom Kastanienbaum bereichern die Vorstellungskraft. Die Blüte der Kastanie kann durch das Bild vom Blütenstrauß differenzierter und ganzheitlicher wahrgenommen werden. Selbst die taktile Vorstellung wird durch den Vers „dick, klebrig und braun" angeregt. Josef Guggenmos zeigt sich hier wie in all seinen Gedichten als Meister. In diesen wenigen Zeilen versteht er es, Spannung aufzubauen, auf einen Höhepunkt hinzusteuern, Wissen zu vermitteln, die Sinne und Vorstellungskraft anzusprechen sowie den Wortschatz zu erweitern.

Kindergedichte öffnen Türen zum Ich und Du

Lyrik ist die subjektivste aller Literaturgattungen. Sie ermöglicht höchst persönliche, individuelle Zugänge zu vielerlei Fragen: „Wer bin ich?", „Wie ist die Welt, in der ich lebe?", „Wer und wie sind meine Mitmenschen?". Kinderlyrik, die sich mit diesen Fragen beschäftigt, ist eigentlich Lyrik für alle Menschen, ohne Altersbegrenzung. In den von Hans Joachim Gelberg herausgegebenen Sammlungen „Überall und neben dir" und „Großer Ozean" sowie in den Büchern von Hans Manz und Christine Nöstlinger finden Sie unzählige solcher Gedichte, die zum Nachdenken anregen.

Kinderhände

*Ein Holländerkind,
ein Indiokind,
ein schwarzes Kind,
ein Chinesenkind
drücken beim Spielen
ihre Hände in Lehm.
Nun geh hin und sag:
Welche Hand ist von wem?*

Hans Baumann

Ich

*Ich: Träumerisch, träge
schlafmützig, faul.
Und ich: Ruhelos, neugierig, hellwach, betriebsam.
Und ich: Kleingläubig, feige,
zweiflerisch, hasenherzig.
Und ich: Unverblümt, frech,
tapfer, gar mutig.
Und ich: Launisch, gleichgültig,
einsilbig eigenbrötlerisch.
– Erst wir alle zusammen
sind ich.*

Hans Manz

Wie der Reim zum Kind kommt: Mit Kindern eine Dichterwerkstatt einrichten

Gelegenheiten für Reime und Gedichte

Reime und Gedichte können Sie als Erzieherin immer und überall im Verlauf eines Tages in der Kita einbauen. Voraussetzung dafür ist, dass Sie sich ein Repertoire solcher Reime, Fingerspiele und Gedichte zulegen, aus dem Sie dann spontan schöpfen können. Die altbekannten Kinderreime und Fingerspiele sind gerade für kleinere Kinder sehr wertvoll und bieten sich in vielen Situationen an:
- Hat sich ein Kind wehgetan, kann es mit einem entsprechenden Reim getröstet werden.
- Liegt der erste Schnee draußen, bietet sich ein Vers an wie:

> *ABC*
> *die Katze lief im Schnee.*
> *und als sie wieder raus kam,*
> *da hat sie weiße Stiefel an.*
>
> überliefert

- Spielen die Kinder im Rollenspiel „Familie" und kochen oder backen gerade, kann die Erzieherin „Backe, backe Kuchen" einbringen.
- Spielen sie „Krankenhaus", passt ein Sprachspiel wie

> *Frau von Hagen,*
> *darf ich fragen,*
> *wie viel Kragen*
> *Sie getragen,*
> *als Sie lagen*
> *krank am Magen*
> *im Spital zu Kopenhagen?*
>
> überliefert

- Einem Kind, das sich gerade in seinen Trotz „eingeigelt" hat, kann vielleicht mit der „Ilse Bilse" geholfen werden.
- Fingerspiele eignen sich besonders,
  - wenn mit einem einzelnen Kind, dem es vielleicht gerade nicht so gut geht, Kontakt aufgenommen werden soll, wenn

Praxis

**Kinderreime/
Kinderlyrik**

Sie den Spracherwerb von Kindern (insbesondere von Kindern, deren Muttersprache nicht Deutsch ist) durch Sprache und Bewegung fördern wollen,
- wenn eine Gruppe zur Ruhe gebracht werden soll,
- wenn Sie Wartezeiten überbrücken möchten,
- wenn bestimmte Themen ergänzt und vertieft werden sollen.
- Gedichte können bei folgenden Gelegenheiten sehr hilfreich und anregend sein:
    - Ein Ausflug in die Natur, die Beschäftigung mit Tieren und Pflanzen können durch ein Kindergedicht intensiviert und sprachlich bereichert werden.
    - Im Gesprächskreis kann ein Gedicht reflektiert und evtl. über dessen Themen philosophiert werden.
    - Wenn Kinder sich bereits für Buchstaben interessieren, sind ABC-Verse und entsprechende sprachspielerische Gedichte anregend (siehe „ottos mops").
- Es gibt Rituale: Im Morgenkreis bestimmt jeweils ein Kind (evtl. mit einem Würfel), ob aus einem Säckchen ein Reim, ein Fingerspiel, ein Lied oder eine Geschichte gezogen wird.

- „Das Gedicht der Woche (oder des Monats)" wird in der Kita ausgehängt. Ein Kind oder eine Gruppe darf ein Lieblingsgedicht aussuchen, das aufgeschrieben und besonders gestaltet wird. Wenn das Gedicht immer wieder vorgelesen wird, können es die Kinder bald auswendig mitsprechen. Es kann Impuls für Gespräche und Gestaltung sein.
- Die Lieblingsgedichte der Kinder werden kopiert oder aufgeschrieben, von den Kindern selbst gestaltet und schön verpackt. Dann können die Werke verschenkt werden.
- Die Kinder können Gedichte auf einer CD anhören.
- Die Erzieherin kann Bilderbücher mit gereimtem Text oder Gedichte, die als Bilderbuch gestaltet sind, vorlesen. Die Kinder lernen dabei ganz nebenbei den Text auswendig und wollen das Gedicht oder das ganze Buch dann vielleicht selbst anderen Kindern „vorlesen".

Praxis

Kinderreime/ Kinderlyrik

Dichterwerkstatt

Kinder sind sensibel für Klang und Rhythmus. So beginnen sie früh, mit Klängen und Rhythmen zu spielen. Im Grunde „dichten" sie schon hierbei. Besonders reizt sie, einen Reim auf einen Namen zu finden, oft einen frechen, mit dem sie den anderen necken können. Je öfter sie Reime und Gedichte hören, desto mehr experimentieren sie selbst, denn in ihrem Kopf ist ja nun ein Vorrat an Wörtern, Reimen, sprachlichen Wendungen, der das Material für eigene dichterische Versuche liefert. Dies kann die Erzieherin durch Angebote und Impulse unterstützen.

Raumgestaltung der Dichterwerkstatt

- Es sollte eine ruhige Atmosphäre geschaffen werden.
- Die entsprechenden Bücher, gereimten Bilderbücher, illustrierte Gedichtsammlungen oder Einzelgedichte stehen den Kindern zur Verfügung.
- Es gibt Kärtchen, auf denen Wörter und Abbildungen zu sehen sind. Zwei oder mehrere dieser Wörter reimen sich. So können die Kinder ein Reim-Memory spielen oder gemeinsam auf Jagd nach Reimen gehen. Die Kärtchen mit den Reimwörtern werden mit den Kindern gestaltet und können immer erweitert werden.
- Es gibt Schreib- und Malutensilien, damit die Kinder ihre Reime aufschreiben bzw. illustrieren können.
- Gestaltete Reime oder Gedichte der Kinder werden an den Wänden präsentiert. Dabei muss nicht alles gereimt sein. Ein einzelner Satz, in dem interessante Wörter vielleicht auf besondere Weise angeordnet sind, wird zum „Gedicht".
- Es gibt Rhythmusinstrumente, mit denen Gedichte zum Klingen gebracht und in Bewegung umgesetzt werden können.
- Es sind Bücher mit den Gedichten der Kinder vorhanden, die sie sich vorlesen lassen und selbst vorlesen.
- In der Dichterwerkstatt werden natürlich auch Geschichten erfunden.

Praxis

Kinderreime/ Kinderlyrik

Ideen zum gemeinsamen Dichten in der Dichterwerkstatt

- Die Erzieherin trägt ein gereimtes Gedicht vor und lässt die Kinder das Reimwort am Ende der jeweils zweiten Zeile finden. Schließlich kann die gesamte zweite Zeile von den Kindern ergänzt werden. Dazu eignen sich einfache, lustige Reimspiele wie: „Es war einmal ein Mann, der hatte einen Schwamm. Der Schwamm war ihm zu nass, da ging er auf die Gass. Die Gass war ihm zu kalt, da ging er in den Wald. Der Wald war ihm zu grün, da ging er nach Berlin" (usw.). Solche Reime können mit den Kindern endlos weiter gedichtet werden.
- Alle sitzen im Kreis. Ein Kind wirft einem anderen einen Ball zu. Der Werfer sagt ein Wort, der Fänger sucht ein Reimwort dazu. Das darf auch ein Nonsenswort sei, es geht um den Klang der Wörter.
- Es werden zwei Reimwörter gewählt und man versucht, sie in einen Zusammenhang zu bringen: z.B. „Ball" und „Knall". Was macht der Ball und was hat er mit einem Knall zu tun? Daraus kann werden: „Ins Fenster flog der Ball, das gab 'nen lauten Knall".
- Im Gesprächskreis wird ein Gedicht vorgelesen und alle versuchen gemeinsam, die geheimen Zaubermittel des Dichters zu finden. Dabei kommt man natürlich auf die Reime, aber auch auf „schöne" oder „geheimnisvolle" Wörter, die man sammelt. Die Kinder merken bereits, dass da z.B. mehrere Wörter mit dem gleichen Buchstaben bzw. Laut anfangen. Schöne Beispiele dafür finden sich in Goethes „Zauberlehrling". So wird spielerisch das phonologische Bewusstsein geschult. Den Kindern fällt auf, dass Gedichte einen besonderen Rhythmus haben. Das Gefühl dafür kann entwickelt werden, wenn man Gedicht mit Bewegung verbindet, hüpft oder klatscht. All diese Zaubermittel können dann in eigenen Versuchen angewendet werden.
- Gemeinsam entwickeln die Kinder eine Geschichte und versuchen, daraus ein Gedicht zu machen.

❏ Die Kinder gestalten ihre Gedichte auf einem schönen Plakat, das aufgehängt wird, oder als Buch. So etwas bereichert dann auch das Portfolio.

All diese Vorschläge sollen Anregungen zum eigenen Gestalten sein. Dabei werden Sie sicher auf weitere Ideen kommen. Gedichte sind „Lebensmittel", hat der Dichter Hans Magnus Enzensberger gesagt. Wenn Sie anfangen, mit Kindern Lyrik zu entdecken, werden Sie feststellen, dass sie Geist, Seele und Körper nährt.

Schlusswort

Bilderbücher und Geschichten, Märchen und Reime sollten in jeder Einrichtung, in jedem Kinderzimmer ein Bestandteil des täglichen Lebens sein und mit den Kindern „erlebt" werden. Sprachförderung sollte im gesamten Kindergartenalltag einen selbstverständlichen, stets präsenten Platz einnehmen und auf keinen Fall in eine besondere „Schublade" gesteckt werden, die nur zu bestimmten Zeiten geöffnet wird.

Es gibt den ganzen Tag über Anlässe, sprachlich mit den Kindern aktiv zu sein und die Kinder so indirekt zu fördern. Kinderliteratur ist eine wertvolle Fundgrube, nicht nur die Sprache, sondern das Kind in seiner ganzen Person zu fördern. Auch die Literatur kann in den Alltag einbezogen werden und muss nicht nur in speziellen Angeboten zum Einsatz kommen. So können Themen und Interessen der Kinder mit Hilfe eines Bilderbuchs, einer Geschichte, eines Märchens oder Gedichts aufgegriffen und vertieft werden. Für vieles, was im Alltag ansteht, gibt es literarische Modelle, die helfen können, Ideen und Lösungen zu finden. Ob es um Gefühle, Verhalten oder Gruppenprozesse geht, ob Sie ein Projekt zu einem Naturthema, zu einem Land oder Kontinent, zur Entdeckung der näheren Umgebung und ihrer Bewohner, zu Holz, Steinen, Wasser u.v.m. machen – immer können Sie Texte finden, mit deren Hilfe Wissen vermittelt, das passende Wort gefunden, der Blick auf das Thema geöffnet und verändert werden kann.

Es lohnt sich also, auf die Suche nach guten Bilderbüchern und Geschichten zu gehen. Bei Märchen und Reimen kann man auf einen alten tradierten Schatz zurückgreifen, wobei es gerade im Bereich der Kindergedichte auch neue Schätze gibt.

Ich hoffe, durch die theoretischen Hintergründe und Praxishinweise den Lesern neue Impulse gegeben zu haben, die sie in ihrer Arbeit und insbesondere in ihrem Bemühen, die Sprache und ganzheitliche Bildung der Kinder zu fördern, stärken. Ich wünsche Ihnen viel Freude beim Entdecken und Nutzen dieses Schatzes!

Quellenverzeichnis

Bei einigen Texten und Gedichten war es trotz gründlicher Recherche nicht möglich, die Inhaber der Rechte Ausfindig zu machen. Honoraransprüche bleiben bestehen.

Baumann, Hans: „Kinderhände" aus: Ders., Ein Reigen um die Welt. © 1988 by Elisabeth Baumann, Biederstein Verlag, München

Ende, Michael: „Ein sehr kurzes Märchen" aus: Ders., Die Schattennähmaschine. © 1982 by Thienemann Verlag (Thienemann Verlag GmbH), Stuttgart und Wien

Fried, Erich: „Humorlos" aus: Ders., Anfechtungen. © 1967, NA 2001 by Verlag Klaus Wagenbach, Berlin

Guggenmos, Josef: „Der Kastanienbaum" aus: Ders., Was denkt die Maus am Donnerstag? © 1998 by Beltz & Gelberg in der Verlagsgruppe Beltz, Weinheim und Basel

Guggenmos, Josef: „Die Tulpe" aus: Ders., Groß ist die Welt. © 2006 by Beltz & Gelberg in der Verlagsgruppe Beltz, Weinheim und Basel

Jandl, Ernst: „Ottos Mops" aus: Klaus Siblewski (Hrsg.), Poetische Werke. © 1997 by Luchterhand Literaturverlag, München in der Verlagsgruppe Random House GmbH

Jerichau-Baumann, Elisabeth: „Doppelportrait der Brüder Jacob und Wilhelm Grimm" (1855)

Krüss, James: „Das Feuer" aus: Ders., Der wohltemperierte Leierkasten. © 1989 by cbj Verlag, München in der Verlagsgruppe Random House GmbH

Manz, Hans: „Ich" aus: Hans-Joachim Gelberg (Hrsg.), Großer Ozean. © 2000 by Beltz & Gelberg in der Verlagsgruppe Beltz, Weinheim und Basel

Wendlandt, Wolfgang: „Sprachbaum" aus: Ders., Sprachstörungen im Kindesalter (5. Auflage). © 2006 by Georg Thieme Verlag, Stuttgart

Literaturverzeichnis

Bayerischer Bildungs- und Erziehungsplan für Kinder in Tageseinrichtungen bis zur Einschulung. Weinheim 2003
Berner, R. S./**Jacoby**, E.: Dunkel war's, der Mond schien helle. Hildesheim 1999
Bettelheim, B.: Kinder brauchen Märchen. München 1993
Betz, F.: Märchen als Schlüssel zur Welt. Lahr/München 2001
Brüder Grimm, Kinder und Hausmärchen (KHM 1–200). Unter: www.maerchenlexikon.de
Diergarten, A./**Smeets**, F.: Komm, ich erzähl dir was. München 1996
Ferrari, R.: Wörter haben bunte Flügel. Freiburg 1998
Fromm, E.: Märchen, Mythen, Träume. Reinbek b. Hamburg 2004
Greiner, U.: Lust auf Bildung: Literatur. In: Die Zeit 4/2006
Hellrung, U.: Sprachentwicklung und Sprachförderung. Freiburg 2006
Hilty, E.: Wege zum Märchen. Bern 1995
Kain, W.: Die positive Kraft der Bilderbücher. Weinheim 2006
Klein, H.: Bilderbuchbetrachtung im Dialog. In: TPS 04/2004.
Küspert, P., Schneider, W.: Hören, lauschen, lernen. Göttingen 2008
Lindgren, A.: Steine auf dem Küchenbord, Hamburg 2000
Lorbe, R./**Haas**, G. (Hrsg.): Kinder- und Jugendliteratur. Stuttgart 1984
Lüthi, M.: Es war einmal. Göttingen 2008
Maier, K. E.: Jugendliteratur: Formen, Inhalte, pädagogische Bedeutung. Bad Heilbrunn 1993
Näger, S.: Literacy – Kinder entdecken Buch-, Erzähl- und Schriftkultur. Freiburg 2005
Näger, S.: Rund ums Bilderbuch. Freiburg 2003
Neumann, S.: Ganzheitliche Sprachförderung. Weinheim 2001
Nöstlinger, C.: Mein Gegenteil. Weinheim 1996
Orientierungsplan für Bildung und Erziehung für die baden-württembergischen Kindergärten. Weinheim 2006
Penner, Z.: Auf dem Weg zur Sprachkompetenz. Frauenfeld 2006
Petz, C.: Aschenputtel und Rotkäppchen anderswo. In: kindergarten heute 12/2007
Schäfer, G. E. (Hrsg.): Bildung beginnt mit der Geburt. Weinheim 2003

Senckel, B.: Wenn es schneit, schüttelt Frau Holle die Betten. In: kindergarten heute 7–8/2001

Thiele; J./**Steitz-Kallenbach**, J. (Hrsg.): Handbuch Kinderliteratur. Freiburg 2003

Ulich, M./**Mayr**, T.: Und wie steht es um die sprachliche Bildung deutscher Kinder? In: kindergarten heute 12/2006

Ulich, M.: Literacy – sprachliche Bildung im Elementarbereich. In: kindergarten heute 03/2003

Vom Wege, B./**Wessel**, M.: Das Märchenaktionsbuch. Freiburg 2003

Wendlandt, W.: Sprachstörungen im Kindesalter. Stuttgart 2006

Whitehead, M.: Sprache und Literacy von 0 bis 8 Jahren. In: Grundlagen frühkindlicher Bildung. Fthenakis, W. E./Oberhuemer, P. (Hrsg.). Troisdorf 2007

Zimmer, R. Handbuch Sprachförderung durch Bewegung. Freiburg 2009

Zimmer, R.: Handbuch der Bewegungserziehung. Freiburg, 2004

Zitzlsperger, H.: Märchenhafte Wirklichkeiten. Weinheim 2007

Zitzlsperger, H.: Vom Gehirn zur Schrift. Hohengehren 2002

Weitere Literatur-Empfehlungen für die Kita-Praxis:

Sprache Allgemein

Blumenstock, L.: Spielerische Wege zur Schriftsprache im Kindergarten. Weinheim 2004

Kohl, E.-M.: Spielzeug Sprache: Ein Werkstattbuch. Mannheim 2006

Krumbach, M.: Das Sprachspielebuch. Münster 2004

May, C. Sprache ganzheitlich fördern. Freiburg 2009

Sennlaub, G.: Rische, rasche, Plaudertasche. Freiburg, 2009

Zimmer, R.: Kinder, Körper, Sprache. Freiburg 2009

Empfohlene Bilderbücher

Berner, S. R.: Frühlings-Wimmelbuch. Hildesheim 2004

Couprie, K./**Louchard**, A.: Die ganze Welt. Hildesheim 2001

Heine, H.: Freunde. Weinheim und Basel 2009

Mitgutsch, A.: Rundherum in meiner Stadt. Weingarten 2007

Über Neuerscheinungen und empfehlenswerte Bilderbücher informieren Fachzeitschriften, z. B. „Das Eselsohr" oder „Bulletin Jugend & Literatur". In „kindergarten heute" finden Sie Besprechungen von Bilderbüchern. Wenn Sie ein Buch für ein bestimmtes Alter oder Thema suchen, hilft der kommentierte Katalog „Das Bilderbuch" vom Arbeitskreis für Jugendliteratur.

Geschichten
Blucha, U./**Schuler**, M.: Geschichten zur Förderung der Grob- und Feinmotorik. Freiburg 2009
Gelberg, H. J. (Hrsg.): Geschichten von Überallher. Weinheim 2002
Gruschka, H./**Englert**, S.: Geschichtenerfinderbuch. München 2008
Michaelis, A.: Schokolade am Meer. Freiburg 2009
Nöstlinger, C.: Anna und die Wut. Mannheim 2008
Nöstlinger, C.: Das große Nöstlinger-Lesebuch. Weinheim 2002
Weinrebe, H.: Das Geschichtenaktionsbuch. Freiburg 2007
Weinrebe, H.: Das Kindergartengeschichtenbuch. Freiburg 2009

Märchen
Bedrischka, B.: Meine wunderbare Märchenwelt. Freiburg 2009
Rölleke, H.: Die Märchen der Brüder Grimm. Ditzingen 2004
Schnieder, B.: Märchen machen Mut. München 2008
Vom Wege, B./**Wessel**, M.: Das Märchenaktionsbuch. Freiburg 2003
Wensky, G./**Sommerfeld**, S.: Feen, Zwerge, Märchenwelt. Freiburg 2006

Kinderreime und Kinderlyrik
Andresen, U.: Im Mondlicht wächst das Gras. Ravensburg 2006
Andresen, U.: Versteh mich nicht so schnell. Weinheim 1999
Anger-Schmidt, G./**Habinger**, R.: Neun nackte Nilpferddamen. St. Pölten 2004
Braun, D.: Mit Kindern reimen und sprechen. Freiburg 2000
Gelberg, H. J. (Hrsg.): Großer Ozean – Gedichte für alle. Weinheim 2001
Gelberg, H. J. (Hrsg.): Überall und neben dir. Weinheim 2001
Guggenmos, J.: Oh, Verzeihung, sagte die Ameise. Weinheim 2002
Guggenmos, J.: Was denkt die Maus am Donnerstag? Weinheim 2007
Janisch, H.: Heute will ich langsam sein. Wien 2005
Näger, S.: Kinder für Gedichte begeistern. kindergarten heute 8/2008